· 44가지 기념일로 키우는 경제 문해력 ·

10대를 위한
기발한
경제 수업

10대를 위한
기발한 경제 수업

2024년 07월 01일 초판 01쇄 인쇄
2024년 07월 10일 초판 01쇄 발행

지은이 태지원

발행인 이규상   편집인 임현숙
편집장 김은영   책임편집 문지연   책임마케팅 이채영
콘텐츠사업팀 문지연 강정민 정윤정 원혜윤 이채영
디자인팀 최희민 두형주
채널 및 제작 관리 이순복   회계팀 김하나

펴낸곳 (주)백도씨
출판등록 제2012-000170호(2007년 6월 22일)
주소 03044 서울시 종로구 효자로7길 23, 3층(통의동 7-33)
전화 02 3443 0311(편집) 02 3012 0117(마케팅) 팩스 02 3012 3010
이메일 book@100doci.com(편집·원고 투고) valva@100doci.com(유통·사업 제휴)
포스트 post.naver.com/black-fish 블로그 blog.naver.com/black-fish
인스타그램 @blackfish_book

ISBN 978-89-6833-473-3 43320
ⓒ 태지원, 2024, Printed in Korea

· 44가지 기념일로 키우는 경제 문해력 ·

10대를 위한 기발한 경제 수업

태지원 지음

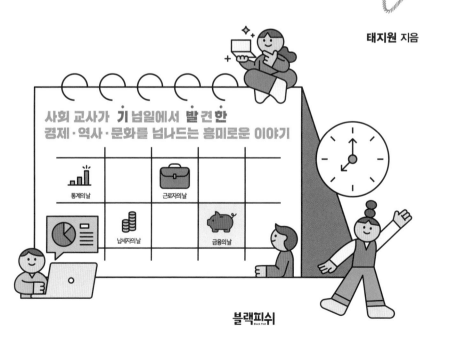

사회 교사가 기 념일에서 발 견한
경제 · 역사 · 문화를 넘나드는 흥미로운 이야기

통계의 날

근로자의 날

납세자의 날

금융의 날

블랙피쉬
Black Fish

차례

겨울 12~2월

들어가며

달력 속 기념일이 건네는 흥미롭고 생생한 이야기

어린 시절, 매년 설레는 마음으로 달력을 바라보던 때가 있었습니다. 5월 5일, 어린이날을 앞둔 때였어요. 어린이 날은 학교를 가지 않아도 되는 데다 들뜬 분위기에서 하루를 즐길 수 있으니 더 신났습니다. 그렇지만 되돌아보니 쉬는 건 좋았지만 그저 스쳐 가는 하루였어요. 기념일 너머에 자리한 이야기에 궁금증을 품어 본 적은 없습니다. 우리나라가 일제의 지배를 받던 시기, 소파 방정환 선생님이 어린이날을 정했다는 이야기 정도야 상식으로 알고 있었지만, 그뿐이었습니다.

시간이 흐르고 성인이 된 뒤, 어린이날에 다양한 이야

기가 숨어 있다는 사실을 알게 되었어요. 특히 1923년 5월 1일 첫 번째 어린이날 기념행사에서 방정환 선생님이 "어린이에게 경어를 쓰시되 늘 부드럽게 하여 주시오." 하고 당부한 사실이 인상적이었습니다. 당시에는 어린이들이 독립된 인격체로 대접받지 못해서 나온 이야기였으니까요. 나라 독립에 대한 열망과 어린이를 존중하려는 마음, 매년 아무렇지 않게 마주하던 날에 특별한 사연과 마음이 담겨 있다는 걸 알게 되었습니다.

이제는 새해에 달력을 받으면 주로 주말과 공휴일이 며칠이나 되는지 헤아려 보고는 해요. '쉴 수 있는 날'을 기다리는 마음은 크게 달라지지 않았나 봐요. 그러나 따지고 보면 우리가 주말에 제대로 쉴 수 있는 권리를 갖게 된 데에도 많은 이들의 노력이 숨겨져 있습니다. 수백 년 전 공장 속 기계처럼 쉬지 못하고 일하던 노동자들이 있었습니다. 이들이 힘을 합쳐 정부와 공장주에게 맞서 기나긴 투쟁을 한 덕분에 '쉴 수 있는 권리'가 주어진 것이니까요. 그리고 그 특별한 사연은 5월 1일 근로자의 날에 담겨 있습니다.

이처럼 달력은 우리 삶의 중요한 순간을 기록하고, 특별한 날을 일깨워 주는 존재입니다. 그렇지만 단순히 날짜를 기록하는 도구 그 이상의 역할을 하지요. 그 숫자와 기념일 속에는 사람들이 쌓아 온 역사와 문화의 다채로운 이야기가 담겨 있거든요. 특히 별다른 생각 없이 지나치는 기념일에는 무궁무진한 이야기가 숨어 있습니다. 그 이야기를 발견하는 것만으로도 지식의 가지치기를 할 수 있습니다.

《10대를 위한 기발한 경제 수업》은 달력 속 기념일에 숨은 기발한 경제, 역사, 문화 이야기를 살펴보는 책입니다. 우리가 먹고 입고 일하고 소비하는 생활과 관련된 것이 경제라 볼 수 있어요. 학생들에게 종종 어렵고 지루한 과목으로 오해받지만, 사실 경제는 역사와 문화, 지리와 정치가 얽혀 굴러가는 거대한 수레바퀴와 같습니다. 이 수레바퀴가 어떤 흐름과 맥락에 따라 움직이는지 깨닫게 되면 주변의 세상을 이해하는 폭을 한층 더 넓힐 수 있습니다. 더불어 공정 무역의 날이나 세계 아동 노동 반대의 날처럼 생각하고 토론할 거리를 던져 주는 기념일도 있어요. 이런 날은 세상의 저울추가 공평하게 움직이고 있는지 가늠하는 데 도움을 준답니다.

이 책을 읽은 독자들에게 당연한 일상처럼 느껴지던 달력 속 기념일이 특별하고 생생한 날로, 세상을 이해하는 길잡이로 다가갔으면 하는 바람입니다. 더불어 흥미로운 질문과 생각을 품는 경험을 건넸으면 좋겠습니다. 좋은 질문과 생각이 세상을 바꿀 수 있을 거라 믿거든요.

2024년 7월

태지원

봄

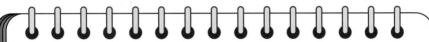

미리 생각해 보기

① 나라 경제가 발전할수록 국민들은 더 행복해질까?
   ▶ 3월 20일 국제 행복의 날

② 국민의 안전은 개인 각자의 책임일까, 국가의 책임일까?
   ▶ 4월 16일 국민 안전의 날

③ 근로자의 하루 법정 근로 시간은 왜 8시간일까?
   ▶ 5월 1일 근로자의 날

3~5월

3/3	3월 셋째 주 수요일		3/20
납세자의 날	상공의 날		국제 행복의 날

3/22	3/25	
세계 물의 날	노예제 및 대서양 노예 무역 희생자 국제 추모의 날	

4/11	4/16	4/21	4/22
대한민국 임시 정부 수립 기념일	국민 안전의 날	과학의 날	정보 통신의 날

5/1	5월 둘째 주 토요일	
근로자의 날	세계 공정 무역의 날	

5/22		5/31

국제 생물 다양성의 날		금연의 날

'밑 빠진 독상'을 주는 이유

'밑 빠진 독상'이라는 이름을 들어 봤나요? 독특한 이름의 이 상은 나라의 예산을 낭비한 사례를 선정하여 해당 기관에 수여하는 불명예 상이에요. 이는 국민에게 거두어들인 세금을 아까운 곳에 허투루 사용했다는 의미지요.

밑 빠진 독상을 만든 건 '함께하는 시민행동'이라는 시민 단체예요. 이 단체는 여러 행정 기관의 예산 낭비를 눈감아 주는 행태를 시민들에게 널리 알리고, 납세자의 권리를 일깨 우기 위하여 2000년 8월에 이 상을 제정했습니다. 주로 엉터리로 수요를 예측해 벌인 사업, 보여 주기 식으로 만든 박람회나 박물관 등을 선정하고 있지요.

밑 빠진 독상을 시상하는 가장 큰 이유는 나라 살림인 예산이 국민의 세금에서 비롯된 것이기 때문입니다. 세금은 국민의 주머니에서 나온 소중한 돈이에요. 우리나라 국민이라면 나라에 세금을 내야 할 의무가 있습니다. 서양 속담에 '인간은 태어나서 피할 수 없는 것이 두 가지가 있는데 하나는 죽음이고, 다른 하나는 세금이다'라는 말이 있습니다. 정치 공동체에 속한 개인이라면 정부에 세금을 내는 게 당연하다는 이야기입니다.

우리나라 법정 기념일 중에는 국민의 삶과 뗄 수 없는 세금과 관련된 날이 있습니다. 바로 3월 3일 납세자의 날이에요. 이날은 세금을 납부하는 국민의 의무와 권리를 되새기기 위한 법정 기념일이지요. 납세자의 날 기념식에서는 성실하게 세금을 납부해 온 사람과 세무 행정을 도운 사람들에게 훈장이나 표창 등을 수여하면서 그 의미를 기립니다.

그렇다면 국민들이 세금을 의무로 내야 하는 이유는 무엇일까요? 만약 국민으로부터 세금을 걷지 않는다면 국가는 돈이 없어서 아무 일도 할 수 없을 겁니다. 정부가 국방과 치안을 유지하고 국민을 도우려면 일정량의 돈이 필요하지요. 또한 공무원들에게 급여를 지급해야 하고, 관청 건물을 짓거나 도로나 공원을 조성할 때도 돈이 듭니다. 따라서 납세, 즉 세금을 내는 건 나라를 제대로 운영하기 위한 연료를 공급하는 일입니다.

세금은 나라 살림의 밑거름이므로, 먼 과거부터 국가가 존재하는 곳이라면 어디든 세금이 존재했습니다. 고대 이집트의 찬란한 문명이 발달한 것도 세금 덕분이라는 이야기가 있지요. 당시 이집트는 나라가 소유한 토지를 농민들에게 빌려주고 그 생산물의 5분의 1을 수확세로 받았습니다. 세금을 정확히 계산하여 받기 위해 토지를 측량하는 기술과 기하학이 발달하기도 했어요. 우리 역사에도 오래전부터 세금이 존재했습니다. 중국의 역사서인 《시경》에 따르면 '고조선에서 농토를 정리해 세금을 매겼다'는 기록이 남아 있습니다.

세금은 국민이 어떤 행동을 더 하거나, 덜 하게끔 만드는 역할도 합니다. 대표적인 예로 '수염세'가 있어요. 제정 러시아의 황제였던 표트르 대제는 1698년에 귀족들에게 '길고 거추장스러운 옷을 벗고 긴 수염을 자르라'고 명령했습니다. 낡고 오래된 풍습을 벗어나 새로운 국가 분위기를 만들려는 조치였지만, 긴 수염을 포기하지 않는 귀족들이 많았어요. 이에 표트르 대제는 수염을 기르는 사람들에게 높은 세금을 매겨 자연스럽게 수염 기르기를 포기하게 만드는 효과를 노렸지요.

수염세를 낸 사람들이 납세를 증명하기 위해 지니고 다녔던 증표

현대에도 방귀세, 비만세 같은 특이한 이름의 세금이 있습니다. 방귀세는 가축을 키우는 농가에 매기는 세금으로, 북유럽의 에스토니아에서 2009년부터 실시하고 있지요. 소의 방귀에 세금을 부과하게 된 이유는 무엇일까요? 바로 기후 변화 때문이에요. 소는 풀을 소화하면서 방귀나 트림을 하는데, 이때 대기를 오염시키는 메탄가스를 뿜어냅니다. 소 한 마리가 1년에 배출하는 메탄가스의 양은 약 85kg이라고 해요. 문제는 메탄가스가 이산화탄소보다 열을 잡아 가두는 성질이 20배 이상 높은 온실가스라는 점이에요. 이 문제를 줄이기 위해 축산 농가에 방귀세라는 세금을 매긴답니다. 에스토니아뿐만 아니라 아일랜드, 덴마크도 관련 법안을 도입했어요. 세계 최대 낙농 국가 중 하나인 뉴질랜드에서도 2025년부터

방귀세를 도입할 예정이라고 밝혔어요.

이번엔 비만세에 대해 살펴봅시다. 비만세는 살이 찐 사람이 내는 세금일까요? 아닙니다. 먹으면 비만해지기 쉬운 탄산음료나 인스턴트식품에 매기는 특별세입니다. 주로 일일 권장량 이상의 설탕을 섭취하게 하는 가당 음료를 부과 대상으로 삼지요. 이 세금은 국민 건강을 해치는 비만을 줄여서 건강 보험 진료비를 줄일 수 있다는 장점이 있습니다.

그렇지만 정작 비만세가 매겨지는 품목 중 저소득층이 먹는 음식이 많아 비판을 받기도 했어요. 식품비와 저소득층의 부담만 늘리고 식료품 물가만 올릴 수 있다는 이유였지요. 또한 세금이 붙지 않는 외국산 식품을 사 수입이 늘어나는 부작용을 지적하는 이들도 있어요. 실제 덴마크가 2011년에 비만세를 도입했지만, 식품 가격만 올리고 소비를 줄이는 효과는 크지 않아 1년 만에 폐지했답니다.

이처럼 사람들은 어떤 항목에 세금을 매기느냐, 세금을 누구에게 얼마나 거두느냐에 대한 관심이 높아요. 또한 국민의 상황을 고려하여 얼마나 공평하게

세금을 매기느냐에 대한 관심도 커요. 그래서 소득이나 재산, 소비 대비 세금을 걷는 비율 등에 국민들의 많은 관심이 쏠리기도 합니다. 소득이나 재산에 매기는 세금의 경우, 돈이 많은 사람과 적은 사람에게 똑같은 금액의 세금을 내라고 하면 불공평할 수 있어요. 이 때문에 이런 세금은 부자일수록 더 높은 비율의 세금을 내고, 소득이 적을수록 세금을 부과하는 비율이 낮습니다.

이와는 다르게 모든 사람이 재산에 관계없이 똑같은 비율로 내는 세금도 있습니다. 부가 가치세가 그 대표적인 예지요. 부가 가치세란 상품이나 서비스를 거래하고 제공하는 과정에서 얻어지는 이윤에 대해 붙는 세금이에요. 만약 여러분이 가게에서 1,100원짜리 과자를 하나 샀다면 영수증에 물품의 가격(물품가액)은 1,000원, 부가세는 100원이라고 쓰여 있을 거예요. 이 부가세가 바로 부가 가치세의 줄임말이지요. 물건값을 받은 음식점이나 마트, 가게를 운영하는 사업주가 대신 세금을 내기 때문에 우리가 알아차리지 못할 뿐, 우리는 상품을 살 때마다 부가 가치세를 내고 있어요.

이렇게 국민은 직장에서 수입을 얻든, 가게에서 상품을 사든 납세자로서 경제적 부담을 지고 있어요. 국가는 국민의 돈을 걷는 만큼 나라 살림을 제대로 운영해야 할 의무가 있지요. '내가 세금을 얼마 내느냐'에 관심을 기울이는 것도 좋지만, 밑 빠진 독상처럼 나라의 세금이 제대로 쓰이고 있는지 꾸준히 감시하는 것도 시민의 권리예요. 우리의 관심이 있어야 그만큼 정부에서는 나랏돈을 꼭 필요한 곳에 쓰려고 노력할 것이고, 엉뚱한 곳으로 새 나가는 세금 역시 줄어듭니다. 우리나라 정부에서 운영하는 열린 재정 홈페이지에는 나라 살림이 어떻게 쓰이는지 그 통계가 자세히 나와 있으니 살펴보는 것도 도움이 돼요. 연말이 되어 멀쩡한 보도블록을 고치는 등 세금을 낭비하는 사업이 없는지 살펴보는 것도 시민의 권리를 지키는 방법입니다. 밑 빠진 독이 '물 샐 틈 없는 독'이 되도록 꾸준히 관심을 갖고 살펴보는 것도 시민으로서의 중요한 권리라는 점, 잊지 마세요!

 경제를 위한 실천 행동

- 내가 사는 지역에서 세금이 어떻게 쓰이는지 알아보기
- 주변에 세금을 낭비하는 사업이 있는지 살펴보기

함께 알아 두면 좋은 날 : 6월 27일 중소기업의 날,
11월 5일 소상공인의 날

#상공업 #애덤스미스 #중상주의 #자유로운경제활동
#실학자 #박지원 #자본주의

시장에서 움직이는 경제의 톱니바퀴

매년 3월 셋째 주 수요일은 상공의 날입니다. 우리에게 필요한 물건을 만들고 유통하는 산업 분야인 상공업의 중요성을 기리고, 상공업에 힘쓰는 사람들의 의욕을 높이기 위해 제정된 기념일이에요.

국가에서 기념일을 만들 만큼 상인과 수공업자들의 역할이 중요한 이유는 무엇일까요? 18세기의 경제학자 애덤 스미스는 "우리가 저녁 식사를 기대할 수 있는 건 푸줏간 주인, 양조장 주인, 빵집 주인의 자비심 덕분이 아니라 그들의 돈벌이에 대한 관심 덕분이다."라고 말했습니다. 그의 말에 따르면 빵집 주인은 다른 빵집 주인들과 경쟁하여 이윤을 얻기

영국의 경제학자 애덤 스미스

위해 소비자의 마음에 들 만한 더 좋은 물건을 만드는 데 관심을 가져요. 이것은 품질이 좋은 빵의 생산으로 이어집니다. 소비자 역시 합리적인 가격에 빵을 사기 위해 품질 좋고 맛있는 빵을 선택하고요. 그리고 좋은 빵을 만들어 돈을 번 제빵업자는 소득이 생겼으니 옷, 물건, 식료품 등을 구매할 수 있지요. 제빵업자의 소비 덕분에 이번에는 다른 상품을 파는 사람에게 돈이 흘러가는 거예요.

이처럼 국민들의 소비와 생산이 맞물려 돌아가면서 나라 안의 돈이 돌고 돌아요. 더불어 나의 재산을 늘리기 위해 상공업자들이 더 나은 상품을 생산하고 팔면서 나라 전체의 생산력도 높아지고 경제도 발전할 수 있지요. 애덤 스미스는 이렇게 나라의 부를 늘리기 위해서 상공업자들의 자유를 인정해 줘야 한다고 주장했어요.

애덤 스미스가 이런 주장을 한 데에는 나름의 배경이 있습니다. 당시 유럽 국가 대부분에서는 금은과 같은 귀금속을 많이 보유한 정도에 따라 그 나라가 부유한지 아닌지를 판단할 수 있다고 보았어요. 그래서 국가가 귀금속과 자원을 더 많이 모으기 위해 무역에 개입해서 수출을 늘리고 수입을 억제했지요. 이렇게 수출을 많이 하고 수입을 억제하면서 국가의 부를 쌓아야 한다는 당시의 경제 이론을 중상주의라고 불러요.

그렇지만 애덤 스미스는 국가의 부를 늘리려면 국가에서 개인이나 상공업자의 경제 활동을 간섭하지 않고 자유롭게 놓아두어야 한다고 이야기했어요. 자유로운 경제 활동이 보장돼야 상공업자들이 공정하게 경쟁하고, 이 경쟁을 통해 더 값싸고 질 좋은 물건을 만들기 위해 노력한다고 보았기 때문이에요. 개인이 자신의 이익을 추구하면서 공공의 이익도 이룰 수 있다고 생각한 것이지요.

애덤 스미스의 말대로 영국이나 프랑스, 네덜란드의 상공업자들은 생산이나 무역, 유통 등을 통해 돈을 벌며 16~18

세기 동안 자본을 쌓았습니다. 이러한 자본을 바탕으로 서양에서는 18세기 후반 이후에 공장을 세우고 기계를 들여 상품을 대량으로 생산한 덕분에 나라의 부를 쌓았지요.

반면 비슷한 시기에 조선에서는 상공업이 환영받지 못했어요. 조선 시대까지 우리나라는 농경 중심의 사회였고, 직업에도 사농공상의 계급이 있다는 생각이 널리 퍼져 있었어요. 이 중 상공업은 가장 아래에 있는 직업으로 생각했고, 국가에서도 상공업 활동을 억제했어요. 장인들은 낮은 가격에 상품을 팔아야 했고, 유통이나 무역도 성장하지 못해 자본이 쌓이지 못했습니다.

조선 후기에는 이런 문제의 심각성을 깨달은 학자들이 있었어요. 바로 박지원, 유수원, 박제가와 같은 실학자들이었지

19세기 초 영국의 섬유 공장

요. 이들은 상공업의 중요성을 강조했어요.

청나라에 다녀온 실학자 박지원은 자신의 책 《열하일기》에서 수레와 선박을 이용해 한 지역에서 만들어진 물건을 다른 지역으로 옮기는 유통 경제를 발전시켜야 한다고 이야기했어요. 당시 조선에서는 수레가 다닐 정도로 폭이 넓고 정비된 도로를 제대로 갖추지 못했어요. 장사를 위해 물자를 옮길 때는 수레 대신 소나 말에 등짐을 지우는 방식을 사용해야 했지요. 뿐만 아니라 농산물이나 수공업 제품은 만들어진 지역에만 머물렀고, 그 지역의 인구만으로는 충분히 팔리지 않으니 생산자도 공급을 활발히 하지 않는다고 했어요.

이 문제를 해결하기 위해 박지원은 교통수단을 발달시키고, 관청에서 상인들의 활동을 강제로 조정하지 말아야 한다고 주장했습니다. 상공업을 조정하면 물건값이 묶여서 상인들이 제대로 이익을 얻지 못하니 상업 거래가 마비되고, 상인을 통해

조선 후기 실학자 연암 박지원

25

물건을 팔 수 있는 농민과 수공업자 모두 곤란한 상황에 처한다고 주장했지요. 자유로운 경제 활동의 보장, 상공업 발달의 중요성 등 박지원의 주장은 애덤 스미스의 이야기와 통하는 면이 있어요.

사농공상의 생각이 지배했던 조선 시대와 달리, 1945년 해방 이후에는 우리나라의 경제에도 커다란 변화가 나타났어요. 본격적으로 자본주의 경제가 발달하기 시작한 거예요. 자본주의란 자본가들이 더 많은 이윤을 얻기 위해 공장을 세우고 노동자의 노동력과 기계를 활용해 상품을 대량으로 생산하는 경제를 말해요. 6·25전쟁 직후 우리나라는 일본의 식민지로 존재하던 역사와 전쟁의 폐허 속에서 제대로 자본이 자리 잡지 못한 상태였어요. 공장이나 기계 설비를 제대로 갖춘 생산 시설도 많지 않았지요.

1960년대부터 정부가 주도하여 경제 개발 계획을 세우고, 섬유·신발·가발 공장 등 경공업 위주로 성장했습니다. 경공업은 많은 자본이 필요하지 않고 저렴한 노동력을 활용할 수 있는 공업 분야이지요. 뿐만 아니라 물자가 편리하게 이동할 수 있는 고속 도로를 만들고 전국의 철도망도 깔았어요. 어느 정도 자본을 쌓은 1970년대 이후부터는 제철이나 석유화학, 조선업 등 중화학 공업을 발달시키는 데 힘썼습니다.

더불어 국민들의 소득이 늘어나면서 나라 안 소비도 활발해졌어요. 기존의 전통 시장뿐만 아니라 백화점과 대형 마트 등이 들어서면서 더 편리한 소비가 이루어졌고, 국내 시장의 규모가 커지면서 더 많은 공장이 세워졌어요. 한국의 생산력도 발전했습니다. 한국의 경제 규모가 전 세계 10위권에 들 만큼 성장한 데 상공업 발달의 영향이 컸지요.

그러나 상공업의 발달 뒷면에는 어두운 현실도 존재합니다. 자영업자의 비율이 높지만 대기업이 운영하는 프랜차이즈, 대형 마트, 기업형 슈퍼마켓을 선호하는 사람들이 늘면서 골목 상권, 소상공인들이 제대로 자리 잡기 어려워졌지요. 최근에는 온라인 배달 플랫폼이나 쿠팡, 아마존, 알리 같은 온라인 유통업체가 큰 인기를 끌고 있어요. 이러한 플랫폼은 소비자에게는 낮은 가격과 편리함 때문에 이로운 점이 많아요. 하지만 작은 규모의 자영업자나 공장 운영자들은 이런 대기업에 높은 수수료를 제공하며 물건을 팔아야 해서 어려움을 겪기도 합니다.

빵집이나 음식점, 소규모 공장이 새로운 아이디어나 좋은 품질의 상품으로 성공하면, 대기업이 이 아이디어를 부당하게 가로채 버리는 경우도 있어요. 새로운 상공업의 형태가 발달하는 시대에는 다양한 상공업자들을 보호할 수 있는 정책이나 법 제도가 필요한 상황입니다.

　우리 주변의 익숙한 프랜차이즈뿐만 아니라 전통 시장, 동네 슈퍼, 지역 특색이 담긴 가게도 이용해 보는 게 어떨까요? 작은 가게에는 소비자들의 구매와 응원이 가장 큰 힘이 될 수 있습니다.

경제를 위한 실천 행동

● 프랜차이즈가 아닌 동네 작은 가게나 슈퍼에서 상품 구매하기
● 중소기업 상품 중 기발한 아이디어를 이용한 상품 찾아보기

함께 알아 두면 좋은 날 : 10월 10일 세계 정신 건강의 날

#부탄 #국민행복지수 #국내총생산 #세계행복보고서

행복을 숫자로 재어 본다면

남아시아의 히말라야 한복판에는 부탄이라는 작은 왕국이 있습니다. 국토 면적이 한반도의 5분의 1 정도이고, 그나마도 히말라야산맥에 둘러싸여 척박한 환경에 놓여 있는 나라예요.

이 작은 규모의 나라 부탄이 '세계에서 가장 행복한 나라'라는 이름으로 유명해진 시기가 있습니다. 1972년 부탄의 왕으로 즉위한 지그메 싱기에 왕추크 국왕은 국민 행복 지수라는 지표를 만들어 발표했어요. 모든 국민이 행복한 나라를 지향하면서 건강과 시간, 생태계 보호, 심리적 행복, 올바른 정치 등 9개 분야의 지표를 토대로 국민 행복 지수를 측정하고 발표했지요. 이 지수에 따르면 부탄이 가장 행복한 나라에 꼽혔어요.

부탄의 이러한 시도와 발표는 화제를 불러일으켰습니다. 이전까지 전 세계 사람들은 '나라 경제가 성장할수록 국민들이 행복하다'고 생각했어요. 이에 국가의 경제 규모와 성장 정도를 재는 국내 총생산(GDP, Gross Domestic Product)이라는 지표를 중요하게 생각했습니다. 국내 총생산을 인구수로 나눈 '1인당 국내 총생산'이라는 통계도 중요하게 여겼지요. 이 통계 수치를 활용하면 국민 한 명이 누릴 수 있는 대략적인 생활 수준을 파악할 수 있기 때문이에요.

부탄은 이런 경제적 풍요의 측면에서는 선진국으로 보기 어려운 나라였어요. 부탄의 2021년 1인당 국민 소득은

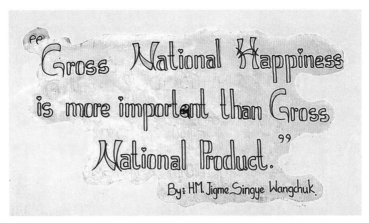

"국민 총행복은 국민 총생산보다 더 중요하다."
부탄의 한 학교에 걸려 있는 슬로건으로, 지그메 싱기에 왕추크 국왕이 남긴 말

3,000달러에도 채 미치지 못합니다. 한국의 1인당 GDP는 3만 달러 가까이 되니, 부탄 국민의 경제생활 수준은 우리나라의 10분의 1밖에 되지 않는 것이지요. 그런데도 부탄이 높은 행복 지수를 기록했기 때문에 전 세계 사람들은 신선한 충격을 받았습니다.

그러나 부탄이 만든 행복 지수에 대한 비판도 있습니다. 이 행복도가 현실을 외면하고 주관적 지수에만 의존한다는 지적이었어요. 실제 국민 행복 지수 조사를 할 당시 부탄은 다른 나라와의 접촉이 적고, 전통적인 생활 방식을 유지하던 나라였습니다. 외국 문물이 들어와서 전통문화가 파괴될까 봐 1999년까지 TV와 인터넷을 금지했지요. 휴대전화도 2003년에야 허용되었기 때문에 조사 당시만 해도 부탄 국민들은 다른 나라의 발전한 모습, 풍요로운 생활 환경을 잘 알지 못했을 거예요.

객관적 기준을 보아도 부탄의 행복도는 만족할 만한 수준이 아닙니다. 국가에서 의료 혜택이 무상으로 제공되지만 그 수준이 높지 않고, 국민의 기대 수명도 길지 않으며, 문맹률도 높아요. 또한 도로, 철도, 항공, 통신망, 상하수도, 주거 시설 등 현실적인 면에서는 세계 하위 수준이라는 아쉬운 점도 있었어요.

그렇지만 부탄의 새로운 시도가 행복에 대한 의미 있는 질문을 던진 건 사실입니다. '부자 나라의 국민일수록 행복하고 소득이 낮은 국가일수록 불행할까?'라는 질문 말입니다. 부탄의 발표를 계기로 전 세계 많은 국가가 경제적 풍요뿐만 아니라 행복을 잴 수 있는 다른 지표에도 관심을 기울이기 시작했어요. 이에 유엔의 자문 기구인 '지속가능발전해법네트워크'에서는 매년 행복 지수를 측정하기 시작했어요. 매년 실시하는 '주관적 행복도'에 대해 설문 조사를 한 데이터를 바탕으로 1인당 GDP, 사회적 지원, 기대 수명, 부정부패 지수 등을 반영해 점수를 매기고, 각국의 순위를 매기는 거예요.

뿐만 아니라 2012년부터는 유엔 총회에서 매년 3월 20일을 '국제 행복의 날'로 정해 기념하기 시작했어요. 이날은 전 세계 모든 사람들이 행복을 추구하며, 세계 각국에서 다양한 행사와 캠페인을 벌여요. 유엔에서는 각 나라의 행복 지수 통계가 담긴 세계 행복 보고서를 발표하기도 하지요.

2023년 3월 20일 발표된 세계 행복 보고서에 의하면 행복 지수의 상위권에는 주로 핀란드, 덴마크, 아이슬란드 등 북유럽에 있는 나라가 자리 잡고 있어요. 행복 지수가 낮은 나라는 대부분 개발 도상국이었지요.

어찌 보면 당연한 이야기라고 할 수 있어요. 행복은 주관적인 감정이지만, 기본적인 욕구가 충족되어야 느끼기 쉽습니다. 만약 하루에 한 끼도 제대로 먹지 못하고, 학교에 나가지 못한 채 하루 종일 일을 해야 하고, 추위와 더위에 나를 보호해 줄 집이 없다면 행복의 기본 조건을 채우기 어렵겠지요. 기본 욕구를 채울 수 있는 의식주가 뒷받침되어야 여가를 즐길 여유도, 친구를 만나 즐겁게 이야기할 시간도 가질 수 있으니까요. 한 나라의 경제 수준과 국민들의 생활 수준은 어느 정도까지는 비례한다고 볼 수 있겠습니다.

그렇지만 세계 행복 보고서를 살펴보면 부자 나라 순서대로 행복 지수가 높은 건 아니라는 사실도 알 수 있어요. 세계 최고의 강대국인 미국의 행복 지수 순위는 16위입니다. 중국 역시 경제 규모는 크지만 72위에 머물렀지요.

비슷한 결론을 담은 연구 결과도 있어요. 미국의 경제학자 리처드 이스털린은 1946년부터 1970년 사이 전 세계 30여 개 나라의 국가 소득과 행복도 사이에 어떤 관계가 있는지 연구했습니다. 그 결과 1인당 GDP가 1만 5천 달러가 될 때까지는 그 나라 국민의 행복도가 늘어나지만, 그 이상을 넘으면 소득이 더 증가하더라도 행복도는 멈출 수 있다는 연구 결과가 나왔어요.

물론 행복에 대한 이스털린의 연구 결과를 두고 학자들 사이의 의견이 다양하게 갈리기도 해요. 2008년 미국 펜실베이니아 대학교의 한 연구 팀은 약 50년간 132개국의 행복 수준을 연구한 결과 '부유한 나라가 가난한 나라보다 더 행복하다'는 결론을 내며 이스털린의 연구 결과에 반박했습니다. 이에 이스털린은 2010년 '1인당 소득이 두 배나 높아졌지만 행복 지수가 높아지지 않은 한국' 등 다양한 사례를 발표하며 이에 반박하기도 했어요. 이스털린이 우리나라 국민의 행복 지수를 사례로 들었다는 점, 꽤 흥미롭지 않나요? 우리나라의 행복 지수가 어떠하기에 이러한 연구 속에 등장한 걸까요?

2023년 세계 행복 보고서에 따르면 한국의 행복 수준은 10점 만점 중 5.951점이에요. 조사 대상인 137개국 가운데 57위를 차지했지요. 낮은 순위가 아니라고 생각할 수 있지만, 선진국이 많이 가입한 경제협력개발기구(OECD, Organization for Economic Cooperation and Development)에 속한 나라 38개국끼리 비교한다면 35위입니다. 이는 결코 높은 순위라고 볼 수 없지요. 경제적 처지가 비슷한 나라와 비교해 보면 한국의 순위가 높지 않다는 걸 알 수 있어요. 우리나라의 경제 규모가 세계 10위권 안팎이라는 것을 감안해 본다면요.

왜 우리나라의 행복 지수는 경제 성장에 비해 높지 않을까요? 행복 지수를 재기 위한 다양한 조건 중에서, 한국의 경우 1인당 GDP나 기대 수명 같은 객관적 수치는 비교적 우수한 편이에요. 하지만 삶을 선택할 자유, 사회적 지지, 부패 인식 등의 측면에서는 순위가 높지 않은 것으로 나타났어요.

이처럼 행복 지수를 둘러싼 자료를 살펴보면 행복을 위해서는 경제적 조건이 제법 중요하다는 사실을 알 수 있어요. 그렇지만 단순히 물질적 풍요만으로 한 나라 국민들의 행복도를 쉽게 측정할 수 없다는 사실도 깨달을 수 있습니다. 한국의 행복도가 낮은 이유 중 하나로, 내가 원하는 삶을 선택할 자유, 사회적인 연대감 등이 부족하다는 사실을 되짚어 보면 우리 사회가 행복을 위해 노력해야 할 점이 무엇인지 알 수 있어요. 각자가 원하는 행복을 자유롭게 찾아갈 수 있도록 존중하고, 주변 사람들이 서로 지지하고 응원하는 분위기를 만드는 것이 중요하지 않을까요?

💡 경제를 위한 실천 행동

- 주변과 행복을 나눌 수 있는 작은 기부 실천해 보기
- 가족·친구와 함께 '행복을 표현하는 사진'을 구상하고 찍어 보기

세계 물의 날

함께 알아 두면 좋은 날 : 9월 7일 푸른 하늘을 위한 세계 청정 대기의 날
- -
#봉이김선달 #희소성 #경제재 #자유재 #블루오일 #물부족국가

공짜에서 블루골드의 시대로

봉이 김선달이라는 인물을 알고 있나요? 김선달은 대동강 물을 사고팔 수 있다 속여 서울에서 온 부자에게 강물을 4천 냥에 판매한 인물입니다. 당시에 4천 냥이면 황소 60마리를 살 수 있는 돈이었어요. 조선 시대에 강물을 파는 일은 있을 수 없는 일이라, 김선달은 희대의 사기꾼으로 이름을 남겼습니다.

우리가 살고 있는 이 시대에도 김선달의 행각을 속임수로 여길 수 있을까요? 만약 김선달이 대동강의 깨끗한 물을 생수병에 담아 판매한다면, 사기꾼이 아닌 물 판매상이 되었을지도 모릅니다. 깨끗한 물을 판매하는 건 자연스러운 일이

된 요즘이니까요.

과거 깨끗한 물은 값을 매길 필요가 없는 자원이었습니다. 값을 매긴다 해도 매우 싼값에 파는 것이었지요. 사람의 생존에 꼭 필요한 물은 왜 거의 공짜에 가까운 자원이었을까요?

세상의 많은 자원은 대부분 인간의 욕구에 비해 그 양이 적어요. 그래서 우리는 값을 치르고 상품이나 자원을 사는데, 이런 상태를 희소성이라고 부릅니다. 책이나 스마트폰, 옷이나 신발 등은 모두 값을 치르고 사야 하는 것이지요. 이렇게 희소가치가 있어서 돈을 주고 사야 하는 재화를 경제학에서는 경제재라고 부릅니다. 돈을 주고 사들여야 하는 상품이나 서비스 대부분을 경제재라고 보아도 됩니다.

반면 봉이 김선달이 살던 조선 시대의 물은 값을 치를 필요가 없을 만큼 그 양이 많았습니다. 이처럼 사람들이 가지고 싶어 하는 양보다 세상에 존재하는 자원의 양이 무한에 가까울 정도로 많아서 공짜로 얻을 수 있는 재화를 자유재라고 부릅니다. 예부터 내려오는 말 중 물건이나 돈을 낭비하며 쓰는 행동을 보고 '물 쓰듯 펑펑 쓴다'고 하는 말이 있지요. 그만큼 물은 무한대로 쓸 수 있는 흔한 것이었어요.

그러나 깨끗한 물은 이제 완벽한 자유재로 보기 어렵습니다. 돈을 주고 사야 하는 경제재가 된 경우가 많아요. 어째서 이런 일이 벌어진 걸까요?

지금까지는 물을 펑펑 쓰면서 살아왔지만 이제는 사정이 다릅니다. 산업화가 이루어지고 환경 오염이 심각해지면서 예전에 비해 깨끗한 물의 양이 줄어들었습니다. 깨끗한 물은 펑펑 쓸 수 있는 것이 아니라 소중한 자원이 되었지요. 그러다 보니 김선달이 살던 조선 시대와 다르게 지금은 물을 파는 건 이상한 일이 아니에요. 물을 사 먹는 행위가 흔한 것이 되었고, 이제 우리나라의 생수 시장 규모만 해도 1조 원에 이를 정도입니다.

물이 귀한 자원이 될수록 지구촌 곳곳에서 강과 호수의 물줄기를 둘러싼 분쟁이 일어나기도 합니다. 세계에서 제일 긴 나일강을 둘러싼 다툼이 그 예예요. 나일강은 오래전 이집트 문명을 꽃피운 일등 공신입니다. 강물이 존재했기에 사람들은 주변에서 농사를 짓고 문명을 꽃피울 수 있었지요.

사실 나일강은 이집트에만 흐르는 것이 아닙니다. 이집트 위에 위치한 에티오피아의 고원에서 물줄기가 시작되어 수단, 이집트에 걸쳐 흐르고 있어요. 그런데 상류에 위치한 에티오피아에서 전력 부족 문제를 해결하려고 2011년부터 나일강에 길이 1.8km에 이르는 초대형 댐을 건설했어요. 에티오피아가 상류에서 댐으로 물줄기를 가로막자, 이집트는 물 부족을 걱정하게 되었습니다. 이집트에서 식수와 농업용수 등의 90% 이상을 나일강에 의존하기 때문이지요. 이 지역은 현재도 외교적 분쟁이 남아 있어요.

에티오피아의 댐 건설로 인해
물 분쟁 중인 이웃 나라들

물의 분배는 전 세계의 빈부 격차를 드러내는 문제이기도 합니다. 2023년 유엔이 발표한 '유엔 세계 물 개발 보고서 2023'에 따르면 전 세계 20억 명에 달하는 인구가 극심한 물 부족에 시달리고 있어요. 물이 부족하여 오염된 더러운 물을 마시는 지역도 많지요. 이 때문에 한 해 140만 명에 이르는 사람이 관련 질병으로 사망한다는 연구 결과도 있어요.

이처럼 물 부족 문제는 빈부 격차와도 깊게 관련되어 있습니다. 특히 상수도 시설이 제대로 갖춰지지 않은 가난한 국가에 사는 사람들일수록 심각한 물 부족 현상에 시달리고 있지요. 물이 이토록 귀중한 자원이 되었음을 반영하는 단어가

'블루골드(blue gold)'입니다. 20세기에 '블랙골드(black gold)'라 부르던 석유의 가치만큼이나 물의 가치가 중요해졌음을 뜻하는 말이지요.

먼 나라의 물 부족 문제를 앞서 이야기했지만, 우리 역시 뒷짐 지고 물 부족 문제를 구경할 입장은 아니에요. 국제인 구행동연구소(PAI, Population Action International)에서는 매년 1인당 사용 가능한 물의 양을 기준으로 물 기근 국가, 물 스트레스 국가, 물 풍요 국가를 나눠요. 이 기준에 따르면 우리나라는 물 부족 위험성이 높은 물 스트레스 국가에 속합니다.

우리나라는 여름에 비가 많이 내려서 물 자원 총량이 세계적으로 적지 않은 수준이에요. 그렇지만 물 저장 능력이 높지 않습니다. 국토의 65%가 산으로 둘러싸여 있어서 하천의 경사가 급하고, 비가 여름에 집중해서 쏟아져 내리며, 홍수나 태풍으로 물 자원의 60% 정도가 급격히 빠져나가므로 하천에 흐르는 물의 총량이 커요. 주로 대도시에 인구가 빽빽하게 모여 사는 편이라, 1인당 이용 가능한 물 자원이 적은 편이기도 하고요.

3월 22일은 세계 물의 날입니다. 이날은 환경 오염과 기후 위기로 심각해지는 물 부족 문제를 일깨우고, 물의 소중함을 알리기 위해 만들어진 기념일이에요. 지금은 경제적 어려움이나 상하수도 시설이 부족한 나라의 사람들이 물 부족 문제에 시달리고 있어요. 하지만 우리가 아무런 행동도 하지 않는다면 현재 물 공급에 문제가 없는 나라에서도 점차 물 부족 문제에 맞닥뜨리게 될 거예요. 이제 '물 쓰듯 펑펑 쓴다'는 말은 까마득한 옛이야기가 될지도 모릅니다.

경제를 위한 실천 행동

- 양치할 때 컵을 사용하여 입안 헹구기
- 샤워는 최대한 짧게 하고, 비누칠할 때는 물을 꼭 잠그기

노예제 및 대서양 노예 무역 희생자 국제 추모의 날

함께 알아 두면 좋은 날 : 12월 2일 국제 노예제 철폐의 날

#노예해안 #노예선 #사탕수수 #서인도제도 #독점 #제국주의

노예선에서 울려 퍼진 슬픔의 노래

아프리카 대륙의 서부 해안 지대에는 노예 해안이라는 곳이 있습니다. 현재의 토고와 베냉, 나이지리아의 바닷가 지역을 일컫는 이름이지요. 노예 해안이라는 특이한 이름 뒤에는 아프리카 흑인들의 비극적인 역사가 숨어 있어요. 15세기부터 19세까지 이 노예 해안을 통해 수많은 흑인이 무역선을 타고 아메리카 대륙으로 향했기 때문에 붙은 이름입니다.

백인들은 흑인 간의 부족 갈등을 이용해 노예를 모았어요. 당시 아프리카 부족끼리 전쟁이 일어나고 있었는데, 한 부족이 다른 부족을 노예로 삼는 경우가 많았습니다. 유럽인들은 노예를 사냥한 흑인 부족에게 대포와 총, 의류 등을 주고, 부

족 간 전쟁에서 노예가 된 전쟁 포로들을 샀어요. 유럽인들은 이 노예들을 무역선에 태운 다음, 대서양을 건너 아메리카와 서인도 제도에 팔고, 그곳에서 생산한 설탕이나 담배, 은 등을 가져왔습니다. 영국, 아프리카, 아메리카 이렇게 세 곳을 잇는 삼각 무역이 이루어진 것이지요.

흑인들을 실은 배는 주로 아메리카 서인도 제도의 사탕수수 농장이 있는 곳으로 향했습니다. 당시 사탕수수로 만든 설탕은 유럽에서 널리 사랑받는 제품이었어요. 특히 아메리카 대륙의 카리브해 일대와 브라질, 아이티 등은 사탕수수가 잘 자라는 지역이었어요.

문제는 대농장에서 사탕수수를 베어 내 운반하고, 자르고 끓여서 설탕을 추출하고, 땔감을 얻으려면 많은 노동력이 필요했다는 거예요. 초기에는 아메리카 원주민에게 이 일을 시켰는데, 이들은 유럽인들이 옮겨 온 전염병에 취약하여 죽음을 맞이했고, 인구수가 급격히 줄어드는 곳도 있었습니다. 노동력이 부족해지자 아프리카의 흑인을 데려와 사탕수

사탕수수밭에서 일하는 노예들

수 농장의 노예로 부려 먹은 거예요.

흑인들을 실어 나른 노예선 내부의 현실은 참혹했습니다. 노예들은 수갑에 묶인 상태로 배의 아래쪽 갑판을 겨우 움직일 수 있을 정도의 공간에서 50~80일씩 생활해야 했어요. 화장실도 없는 비위생적인 조건 속에서 노예들은 산소 부족이나 탈수, 전염병 등에 시달리다 죽음에 이르렀어요.

역사가들은 이런 과정을 통해 19세기 말까지 아메리카에 도착한 노예는 1,100만 명에 이르렀을 거라 짐작합니다. 그러나 고되고 험난한 항해 도중 사망한 노예가 더 있을 것으로 짐작하면, 아프리카를 떠난 인구는 1,100만 명을 훌쩍 뛰어넘는 것으로 추정해요.

노예 무역은 19세기까지 서양 강대국의 자본주의가 어떤

19세기 노예 무역상들이 노예들의 발목에 족쇄를 채워
화물칸으로 내려보내는 모습

식으로 발전하고 움직였는지, 그 어두운 진실을 보여 주는 역사입니다. 17세기 후반부터 기계와 동력의 발명으로 대량 생산이 가능해지자 자본을 가진 부르주아들이 많아졌어요. 이들이 노동자의 노동력을 활용해 상품을 생산해 팔고 이윤을 남기기 시작하면서 점차 자본주의가 발달했지요.

원래 시장에서의 경쟁은 더 나은 제품을 만들기 위해 기술을 개발하거나 새로운 투자의 기회를 찾으면서 이루어져야 합니다. 그래야 공정한 게임이 이루어져요. 더 좋은 상품을 더 낮은 가격에 공급할 수 있으니 공급자에게도, 상품을 사는 소비자에게도 이득이 됩니다. 그렇지만 특정 산업의 경우 한 상품을 생산하고 공급하는 기업이 하나뿐인 '독점 시장'이 만들어지곤 했어요. 시장에 공정한 경쟁의 규칙이 지켜졌다면 좋았겠지만, 독점 시장 아래에서는 어려운 일이었어요. 대기업은 작은 규모의 기업보다 더 낮은 가격에 대량으로 물건을 만들면서 새로운 기업의 진입을 막았지요. 때로는 자신들끼리 힘을 합쳐 덩치를 키워 나가며 거대한 기업이 되었습니다. 이들은 시장에서 상품 가격을 마음대로 정할 수 있는 힘을 얻었지요.

이렇게 만들어진 거대 기업은 석유, 다이아몬드 등 핵심 원료를 더 많이 확보하고 시장을 넓히기 위해 국경 밖으로 뻗어 나갔어요. 특히 아시아와 아프리카 대륙을 식민지로 삼은 뒤, 그곳을 값싼 원료의 공급지이자 물건을 사고팔 수 있는 거대한 시장으로 만들었습니다. 자연스럽게 식민지 경쟁이 심해졌어요. 이렇게 힘이 강한 나라가 다른 나라를 침략하고 식민지로 만들어 착취하려는 사상이나 정책을 '제국주의'라고 해요. 이 과정을 통해 19세기부터 20세기 초반 전 세계는 제국주의의 영향 아래 놓였습니다.

당시 유럽을 비롯한 대부분의 제국주의 국가는 부를 쌓았어요. 이 과정에서 강대국 사이의 경쟁이 매우 치열해졌지요. 강대국들은 더 많은 상품이나 농작물을 생산하기 위해 공짜로 부려 먹을 수 있는 노동력이 필요했어요. 이 때문에 아프리카의 흑인들이 이국땅에서 노예가 된 것입니다.

자본주의의 발달이 만들어 낸 노예 제도는 18세기 후반 한 사건이 계기가 되어 서서히 끝을 맞이하게 됩니다. 1781년 흑인들을 싣고 자메이카로 가던 배에 전염병이 돌아 60명 이상의 노예가 사망했어요. 이 상황에서 선장과 선원들은 사망하거나 병든 노예 130여 명을 바다에 던져 버리는 잔인한 선택을 합니다. 당시 영국 법에 따르면 항해 도중 노예가 자살하거나 병에 걸려 죽는 경우에는 보험금을 받을 수 없었어요. 하지만 '화물'이 바다에 빠진 경우에는 보험금을 받

영국 풍자 만화가 제임스 길레이의 〈서인도 제도의 만행〉(1791년)

을 수 있었지요. 그들은 노예를 '화물', 즉 물건으로 봤던 겁
니다.

이들은 귀국 후에 '어쩔 수 없이 화물을 바다에 던졌다'고
주장하며 보험금을 청구했습니다. 보험 회사와 선박 소유주
사이의 소송이 시작되자 이 일은 세상에 알려졌지요. 사람들
은 사람의 생명보다 경제적 이득에 눈이 먼 인간의 잔혹함에
분노했어요. 노예 무역을 금지해야 한다는 여론이 일면서 영
국에서는 '서인도 제도의 노예들이 생산한 설탕을 사지 않는
다'는 불매 운동이 벌어졌어요. 다른 지역에서 생산된 설탕
을 더 비싸게 구입하더라도 노예 제도를 반드시 폐지하겠다
는 소비자들의 의지를 보여 준 사건이었지요.

이 불매 운동의 영향으로 1807년 영국 함선의 노예 무역을 법으로 금지하는 법이 만들어졌어요. 이는 뒤이어 1833년 영국의 노예 제도 폐지법으로 이어졌지요. 당시 영국에서는 정치적 권리나 선거에 참여할 권리가 모두에게 주어지지 않던 시기였어요. 그러나 소비자들은 불매 운동을 통해 옳지 못한 일을 바로잡는 정치적 힘을 발휘했습니다. 소비도 일종의 정치적 권리라는 걸 알린 중요한 사건이지요.

3월 25일, 오늘은 노예제 및 대서양 노예 무역 희생자 국제 추모의 날입니다. 대서양 노예 무역의 원인과 결과, 과거가 주는 교훈을 널리 알리고, 인종 차별과 편견의 위험을 알리기 위해 유엔이 제정한 날이에요. 우리는 노예 무역을 통해 어두운 역사를 살필 수 있지만, 한편으로 그것이 폐지된 과정을 통해 소비자가 가진 정치적 힘도 엿볼 수 있어요.

오늘날에도 개발 도상국에서 낮은 임금이나 부당한 환경 속에서 일하는 노동자들이 있어요. 이들의 삶을 개선하기 위해 우리가 어떤 소비를 해야 할지 찾아보는 건 어떨까요?

💡 경제를 위한 실천 행동

- 커피나 초콜릿 등 공정 무역 제품을 찾아보고 구매하기
- 아동 노동 등 비윤리적 방법으로 생산하는 기업의 제품 사지 않기

함께 알아 두면 좋은 날 : 8월 14일 일본군 위안부 피해자 기림의 날,
8월 15일 광복절

#대한민국임시정부 #독립운동 #인구세 #애국금 #독립공채
#국공채 #채권

독립 공채, 임시 정부 독립운동의 원동력

중국 상하이에 가면 한국인들이 많이 찾는 역사적 건물이 하나 있습니다. 낡은 주택가 안에 자리 잡고 있는 작은 붉은색 벽돌 건물인데요. 이 건물은 일본의 지배를 받을 당시 우리나라 독립운동가들이 세웠던 임시 정부 청사입니다. 3·1 운동 이후 체계적이고 조직적인 독립운동을 펴 나갈 필요가 있었지만, 일본의 식민 지배 아래 있어 국내에 정부 청사를 세우기 어려웠으므로 상하이에 건물을 세워 활동한 것이지요. 머나먼 중국 땅에 정부를 만들고 독립 투쟁을 펼쳐 나갔던 독립운동가들의 어려움을 고스란히 느낄 수 있습니다. 4월 11일, 오늘은 대한민국 임시 정부가 세워진 것을 기념하는

대한민국 임시 정부 신년 축하회 기념사진(1920년)

날입니다. 임시 정부가 세워지기 한 달 전인 1919년, 국내에서는 3·1 운동이 일어났어요. 만세 운동을 하며 독립운동을 이끌 체계적인 기구가 필요하다는 사실을 절감한 민족 지도자들이 임시 정부를 세웠지요. 당시 중국 상하이는 서양 강대국이 자치적으로 다스리는 구역이 많은 독특한 지역이었습니다. 다른 나라의 외교관들도 많이 모여 있어서 다른 지역에 비해 중국과 일본의 압력을 적게 받고, 외교 노선을 밟기에도 적합한 곳이었지요.

대한민국이라는 이름이 붙은 것 역시 임시 정부에서 처음 일어난 일이었어요. 대한민국의 대(大)는 '하나로 통합하여 크다'는 의미가 있고, 한(韓)은 역사 속에서 우리나라를 가리키는 고유한 말이었어요. 민국(民國)은 백성들이 주인이 되는 나라를 뜻해요. 일제가 우리나라를 집어삼키기 전에 붙였던 이름인 '대한제국' 즉, '황제가 다스리는 나라'였던 것과 비교해 보면 그 차이를 알 수 있습니다.

대한민국은 왕이 다스리는 군주제가 아닌, 처음으로 '국민'이 중심이 되는 나라입니다. 대한민국 헌법은 '유구한 역사와 전통에 빛나는 우리 대한국민은 3·1 운동으로 건립된 대한민국 임시 정부의 법통과…'라는 대목으로 시작됩니다. 현재 대한민국 정부의 뿌리가 대한민국 임시 정부에서 시작되었음을 짐작할 수 있는 부분입니다.

다른 모든 활동이 그러하듯 독립운동을 하는 데에도 현실적으로 비용이 필요했습니다. 한 나라의 정부라면 기관에서 일하는 사람들에게 월급도 주어야 하고, 독립운동에 필요한 비용도 마련해야 했지요.

많은 정부가 그렇듯 대한민국 임시 정부도 국내외 만 20세 이상의 모든 국민이 세금 납부의 의무를 지는 방법을 택했습니다. 이 세금의 이름은 '인구세'였어요. 더불어 국내외 동포들에게 '애국금'이라는 기부금을 모으기도 했습니다. 그러나 일본의 감시를 피해 비밀리에 돈을 거두어야 했기에 재정이 넉넉하진 않았지요.

이때 비용을 마련하기 위해 대한민국 임시 정부가 독립 공

대한민국 임시 정부가 발행한 애국금 영수증(1920년)

채를 발행했어요. 채권이란 돈을 빌려주는 사람(채권자), 그리고 빌리는 사람(채무자) 양쪽이 주고받는 차용 증서예요. 차용 증서는 돈을 얼마나 빌렸으며, 언제까지 갚아야 하는지, 이자율을 얼마나 쳐서 갚을 것인지 등이 적힌 문서입니다. 채권 중에서도 정부나 공공 기관이 국민들에게 돈을 빌릴 경우 발행하는 문서를 '국공채'라고 불러요. 우리나라를 비롯한 많은 나라의 정부와 공기업이 국공채를 발행하여 운영 자금을 구하지요. 반대편에서 이야기하자면, 어떤 사람이 국공채를 산다는 것은 국가 기관이나 공공 기관에 돈을 빌려주는 거예요.

독립 공채는 말 그대로 대한민국 임시 정부가 독립운동 자금을 마련하기 위해 발행한 채권입니다. 이는 주로 미주 지역과 중국에서 발행되었어요. 우리나라 돈으로 표시된 이율 5%의 독립 공채와 달러로 표시된 이율 6%의 독립 공채가 있었는데, 1919년부터 해방 후 우리나라 정식 정부가 들어

대한민국 임시 정부가 발행한 100원 독립 공채(1927년)

선 1948년까지 29년간 발행했어요.

보통 채권에는 돈을 갚을 날짜가 명확히 적혀 있어요. 그렇지만 독립 공채는 우리나라가 일본으로부터 독립해 국권을 되찾은 뒤 갚을 것을 약속하고 판매했다는 점이 특별해요. 우리나라가 독립한 뒤 5개년부터 30년 이내에 수시로 돈을 갚기로 약속되어 있었어요.

독립 공채를 산 사람들은 대부분 어떤 마음으로 구입했을까요? 사람들은 일반적으로 미래에 대한 투자를 위해 채권을 사는 경우가 많습니다. 경제학에서는 인간의 마음속에는 선택을 할 때 얻는 것과 잃는 것을 재는 양팔저울이 있다고 생각해요. 이 저울이 어느 쪽으로 기울어지느냐에 따라 선택을 한다고 보는 것입니다. 만약 채권을 사면 쌀이나 옷을 살 수 있는 '현재의 소비'를 포기하지만, 반대로 '미래에 얻을 이자(수익금)'를 기대할 수 있어요. 즉 우리가 저축을 하거나 채권이나 주식을 사는 건, 지금 투자를 해서 미래에 더 큰 이익을 얻을 것이라 생각하기 때문이지요.

그러나 독립 공채를 사는 것은 경제적 이득만으로 봤을 때 손해에 가까운 일이었어요. 현실적으로 나라가 언제 독립할지, 돈을 받을 수 있을지 당시로서는 정확히 알 수 없는 일이었을 테니까요. 또한 독립운동 자금을 위한 채권을 샀다는 사실이 일제에 발각되면 목숨이 위태로울 수 있었지요.

그런데도 하와이를 비롯한 미주 지역에 살던 동포들이 이 공채를 많이 샀어요. 당시 하와이에 살던 동포들은 주로 사탕수수 노동자로 일하기 위해 한반도에서 건너간 이들이었어요. 척박한 해외에서 살던 동포들의 삶이 넉넉하고 여유로웠을 리 없지요. 그러나 임시 정부가 재정적으로 큰 어려움에 처했다는 소식을 듣자 해외 동포들은 허리띠를 졸라매는 고통을 참으며 임시 정부의 독립 공채를 샀어요. 독립 공채를 산 사람들이 스스로 채권을 불태우거나 버렸다는 기록을 보면, 일반적으로 채권을 사듯이 단순히 이자를 받으려고 투자한 것은 아니라는 사실을 알 수 있습니다. 즉 동포들이 독립 공채를 구입한 것은 독립에 대한 간절한 바람이 담긴 행위였다고 볼 수 있지요.

그렇다면 돈을 빌려준 사람들은 1945년 해방 이후에 원금과 이자를 제대로 받았을까요? 안타깝게도 독립 직후에는 우리나라 정부가 제대로 돈을 갚을 만큼 안정된 상태가 아니었어요. 해방 후 한참이 지난 1983년에야 비로소 '독립 공채 상환에 관한 특별 조치 법안'이 발의됐어요. 대한민국 임시 정부가 발행한 독립 공채를 당시 정부가 책임을 지고 갚기로 약속한 거예요.

한 예로, 1922년에 민족 운동 단체인 '미주 흥사단'에서 9,320원어치의 독립 공채를 구입했어요. 훗날 그 가치가 크게 불어났고, 2000년에 원금과 이자를 합쳐 총 1억 8백만 원을 돌려받았지요. 이렇게 독립 공채가 전부 상환되었다면 얼마나 좋을까요? 안타깝게도 실제 상환 건수는 전체 발행량의 1%도 미치지 못해 안타까운 마음을 자아냅니다.

독립 공채는 일제 강점기 당시 우리 국민들이 가졌던 독립에 대한 희망과 염원을 담고 있어요. 임시 정부의 기념일인 오늘, 독립 공채의 모습을 통해 우리의 독립에 대한 염원을 느껴 보길 바랍니다.

경제를 위한 실천 행동

- 독립 공채의 모습과 그 의미를 담은 게시물을 SNS에 올리기
- 현재 대한민국 정부가 발행하는 채권을 찾아보고 쓰여진 의미 알아보기

국민 안전의 날

함께 알아 두면 좋은 날 : 5월 25일 방재의 날, 7월 18일 연안 안전의 날

#세월호 #안전 #공공재 #비경합성 #비배제성

국민 안전의 최종 책임자는 누구일까?

2014년 4월 16일은 여느 날과 다르지 않은 평범한 하루였어요. 그런데 인천 연안 여객 터미널을 지나 제주도로 향한 세월호가 전남 진도군 병풍도 근처 바닷속에 가라앉았어요. 승객 476명 중 172명은 살았지만, 299명이 숨지고 5명은 실종되었어요. 특히 세월호에는 수학여행을 가던 경기도 안산 단원고 2학년 학생 325명이 탑승한 상태여서 고등학생의 피해가 컸습니다.

사건 이후 조사를 통해 세월호에는 여러 위험 요소가 있었다는 사실이 드러났어요. 세월호는 1994년 일본에서 만든 여객선으로, 2012년에 일본에서 운항을 마친 배였어요. 하

세월호의 사고 발생 전 모습(2014년 3월)

지만 우리나라의 한 해운 회사에서 중고로 들여와 인천과 제
주 사이를 오가는 여객선으로 사용했어요. 2009년 정부가
선박과 관련한 규제를 풀면서 여객선의 사용을 20년에서 30
년까지 쓸 수 있도록 기한을 늘려 주었기 때문이에요. 심지
어 세월호를 구입한 국내 해운 회사는 배에 더 많은 짐을 신
기 위해 배의 구조를 변경하는 문제도 있었습니다.

　사고 이전에도 안전 문제가 있었지만, 사고 당일에 세월
호가 중심을 잃고 기울어졌을 때도 안전을 고려하지 않았어
요. "이동하지 말라."는 방송이 흘러나왔고, 선원 7명은 승객
을 버리고 탈출해 구조되었지요. 배를 조종하는 조타실 선원
들도 뒤따라 탈출했습니다. 상황을 모르고 있거나 안내를 제
대로 받지 못한 승객들은 배 밖으로 빠져나오지 못했습니다.
배가 완전히 침몰한 후에는 구조자가 단 1명도 없어 많은 이

들에게 더 큰 안타까움을 불러일으켰지요.

4월 16일 국민 안전의 날은 세월호의 비극 이후 안전의 중요성을 되새기자는 의미로 2015년에 제정된 기념일입니다. 국민의 안전을 지키는 것도 하나의 공공 서비스로 생각한다면, 이는 개인의 노력만으로는 지킬 수 없어요. 아무리 돈이 많고 능력이 뛰어난 사람이라도 홀로 오롯이 안전한 환경을 만들 수는 없으니까요. 이를테면 불이 나지 않도록 한 사람이 노력했다 해도 불장난을 하거나 담뱃불을 던지는 사람이 있다면 안전을 지킬 수 없습니다. 내가 공원에서 안전 수칙을 지키며 생활해도, 안전에 들이는 시간이나 노력을 부담하는 사람과 부담하지 않는 사람을 구별하는 것도 어려운 일이지요.

만약 우리 동네에 안전 요원들이 주민들을 안전하게 보호하기 위해 돌아다닌다면 내가 그 혜택을 받는다고 해서 다른 사람이 그 혜택을 받지 못하는 건 아닙니다. 이처럼 어떤 물건이나 서비스의 혜택을 받고자 하는 사람들 간의 경쟁이 필요 없는 경우 이러한 성질을 비경합성이라고 해요. 또한 혜택을 받을 사람만 선택적으로 가려낼 수도 없는데요. 이렇게 누구 하나를 배제할 수 없는 성질을 비배제성이라고 합니다.

안전 서비스는 이렇게 비경합성과 비배제성의 특징을 모

두 가지고 있어요. 값을 치른 사람은 지켜 주고, 값을 치르지 않은 사람을 배제하는 특성을 가지지 않기 때문이에요. 동네 치안 요원이 '당신은 돈을 내지 않았으니 안전 서비스를 누릴 자격이 없습니다.'라고 말하며 제외시킬 수 없습니다. '다른 사람이 먼저 안전 서비스를 누렸으니 당신은 안 돼요.'라고 이야기할 수도 없지요.

안전 서비스처럼 두 가지 특성을 모두 가지고 있는 재화를 공공재라고 해요. 경찰, 국방, 소방, 도로, 공원, 공중화장실 등도 모두 공공재이지요.

공공재에 해당하는 것들은 특정한 사람에게만 요금을 가려 받을 수도 없고, 한 사람이 먼저 혜택을 입었다고 해서 다른 사람의 혜택이 줄어들지 않습니다. 이러한 특성 때문에 자본주의 사회에서 기업이나 개인은 당장 자신에게 큰 도움이 되지 않는 서비스를 굳이 생산할 이유가 없지요.

그렇다면 공공재에 해당하는 서비스나 재화를 만드는 건 결국 국가나 정부가 맡아야 하는 겁니다. 실제 치안 서비스나 국방 서비스는 모두 국가에 소속된 경찰과 군인이 맡고 있지요. 공원이나 공중화장실도 마찬가지로 국가나 지방 자치 단체에서 만드는 경우가 많아요.

안전 서비스도 마찬가지예요. 국가에서는 국민들의 안

전을 위해서 관련된 법을 만들고, 개인이나 기업이 안전 규정을 잘 지키고 있는지 확인하는 역할을 해요. 우리나라 법에는 국민 안전에 대해 사실상 국가 책임을 강조하고 있습니다.

헌법 제7조 1항에서는 '공무원은 국민 전체에 대한 봉사자이며, 국민에 대하여 책임을 진다'고 규정하고 있어요. 제34조 6항에서는 '국가는 재해를 예방하고 그 위험으로부터 국민을 보호하기 위하여 노력하여야 한다'고 되어 있지요. 특히 우리나라의 대통령에 대해서는 '내우·외환·천재·지변 또는 중대한 재정·경제상의 위기에 있어서 국가의 안전보장 또는 공공의 안녕질서를 유지하기 위하여 긴급한 조치가 필요하고 국회의 집회를 기다릴 여유가 없을 때에 한하여 최소한으로 필요한 재정·경제상의 처분을 하거나 이에 관하여 법률의 효력을 가지는 명령을 발할 수 있다(제76조 1항)'고 규정하고 있어요.

그렇지만 앞서 본 세월호 사건처럼 우리 사회에서는 법이 느슨하거나 규정을 어겨 안전에 위협을 받아도 눈감아 주고, 안전을 책임져야 할 기관이 위험한 시설물을 놓아두는 등 무책임한 모습을 보이는 경우가 있어요.

우리나라는 다른 어떤 나라보다 빠르게 성장을 하면서 경제적인 성공에 관심을 기울여 왔어요. 기업의 이윤을 늘리고 경제를 성장시킬 수 있다면 위험을 감수하고, 빠른 속도를 위해 규정을 어겨도 된다는 생각이 자리 잡고 있어요. 이런 상황에서 안전을 지키기 위해 들어가야 하는 시간이나 비용을 소홀히 대한 부분이 있지요. 안전을 위해 지불하는 비용을 '불필요하게 들어가는 비용'이라고 보는 거예요. 이는 안전 대신 '위험'을 선택한 것과 마찬가지입니다.

시간과 비용이 든다는 이유로 낡은 배를 그대로 여객선으로 쓰는 기업, 꼭 필요한 자재를 넣지 않고 건물을 짓는 건설 회사, 귀찮다는 이유로 무단 횡단을 하거나 졸음운전을 하는 사람도 다 같습니다. 잠깐의 편리함이나 이익을 얻기 위해 위험을 선택하는 거예요. 그렇지만 이런 선택이 결국에는 더 큰 비용을 만들 수 있다는 사실을 잊어서는 안 됩니다.

💡 경제를 위한 실천 행동

- 주변의 위험 시설물이나 도로가 있는지 살펴보고, 있을 경우 안전신문고 홈페이지나 앱에 신고하기
- 지진이나 태풍, 산불 등이 일어났을 때 어떻게 대처하는지 대피 요령 익히기

함께 알아 두면 좋은 날 : 11월 10일 세계 과학의 날

#발명 #특허제도 #로봇 #노동자 #인건비

과학 기술, 경제 성장의 디딤판

인류가 깜깜한 밤에 밝은 불빛을 켜고 산 지 150여 년도 채 되지 않았다는 사실, 알고 있나요? 우리가 이렇게 밝고 환한 밤을 지내는 데 큰 영향을 미친 인물은 바로 19세기의 발명가 토머스 에디슨입니다.

에디슨은 살아 있는 동안 축음기, 영사기, 축전지 등을 발명했지요. 그중에서도 가장 영향력 있고 유명한 발명품이 백열전구입니다. 원래 전구는 전기를 연필심처럼 탄소로 된 물질에 통과시켰을 때 빛과 열이 나는 기구지요. 에디슨은 진공 전구에 탄화된 대나무를 얇은 필라멘트로 사용하는 아이디어를 내서 1,200시간 이상 연소될 수 있는 실용적이고 수

명이 긴 전구를 만들었습니다.

전구가 발명되기 이전에 사람들은 가스등이나 양초, 기름 등에 의존하여 생활했어요. 이 도구들은 어두운 밤을 밝힐 순 있지만 쉽게 꺼졌지요. 그렇지만 전구가 발명된 이후로 사람들은 집과 거리, 직장에서 오랫동안 환한 빛을 보게 되었어요.

이 발명은 사람들의 일상생활도 바꾸고, 산업 분야에도 큰 변화를 불러왔어요. 길게 이어지는 전기 조명을 공장에 도입하면서 공장을 더 오랜 시간 운영하였고, 전력망도 커졌지요. 전기를 이용해 공장의 기계와 장비를 돌리자 더 많은 물건을 만들어 내어 제조업도 발전했어요. 에디슨이 만든 발명품은 통신이나 영화 산업의 발전에도 큰 영향을 미쳐, 전 세계 사람들을 하나로 연결하는 데 큰 역할을 했습니다.

수많은 발명품을 만들어 낸 에디슨의 멘로파크 연구소

에디슨이 위대한 발명가로 역사에 이름을 남긴 건 사실이
지만, 인류의 발전을 위해 공헌하겠다는 거창한 마음으로 발
명을 시작하지는 않았을 거예요. 처음에는 자신의 경제적 이
익이나 발명에 대한 욕구를 채우기 위해서 연구했겠지요. 하
지만 이 발명은 에디슨 개인의 이익보다 더 큰, 사회 전체의
발전을 불러왔습니다.

이렇게 개인의 발명이나 과학을 연구하겠다는 의지는 예
상하지 못했던 좋은 결과를 가져오는 경우가 많아요. 하지만
사람들은 그만큼의 혜택이 있을 거라고 예상하지 못하기 때
문에 사회적으로 필요한 만큼 과학 기술에 비용을 쓰지 못하
는 경우가 있습니다. 그래서 각 나라는 특허 제도라는 것을
만들기도 하지요.

특허 제도는 새로운 기술이나 물건을 만든 사람에게 일정
기간 동안 신기술이나 발명품에 대해 독점 사용권을 갖도록
도와주는 제도예요. 어떤 기업이 새로운 기술을 만들거나 상
품을 개발하면 이를 그대로 따라 하는 후발주자들이 생겨요.
이것에 대비해 국가 차원에서 재산권을 인정해 주는 거예요.
이 기술을 다른 기업들이 사용할 때마다 허락을 받거나 사용
료를 지불하는 것이지요.

과학 기술 개발에 도움을 준 만큼 보조금을 지불하는 것도

과학을 보호하는 방법입니다. 기술이나 과학 연구에서 훌륭한 성과를 낸 이들에게 그만큼 경제적 이득을 주면 과학 기술 성과를 생산하도록 나라에서 지원해야 하는 이유가 여기에 있어요. 나라에서는 훌륭한 인재나 과학 연구에 장려금을 주고, 과학 인재를 육성하는 대학을 만드는 거예요.

특히 21세기에는 과학 기술의 발전 속도가 점점 더 빨라지고 있어요. 2010년 이후 인공 지능과 사물 인터넷, 3D 프린팅, 자율 주행차, 생명 과학 기술 등이 빠르게 발전하고 있어요. 특히 인터넷의 성장이 두드러져요. 인터넷 이용 인구는 지난 10년간 20억 명에서 40억 명으로 늘었고, 인터넷에 연결된 기기 수는 수십억 단위에서 수백억 단위로 급증했어요. 30여 년 전만 해도 지구 먼 곳에 있는 누구와도 실시간 교류가 가능하고 누구나 이동의 자유를 누리며 누구나 생산자가 될 수 있는 세상을 상상하기 어려웠지만 지금은 현실이 되었습니다.

4월 21일은 과학의 날입니다. 우리나라는 1967년 4월 21일 과학기술처가 새로 만들어진 날을 기념하여 매년 4월 21일을 과학의 날로 정하고 과학 기술의 중요성을 널리 알리고 있어요.

해가 뜨고 지거나, 바람이 불어오는 것 등 세상에서 벌어지는 일을 관찰하고 규칙을 찾는 일을 과학이라고 말해요. 더불어 질병이나 추위를 막을 방법은 무엇인지 등 인간의 삶을 더 편리하게 만들기도 하는 것이 과학의 힘입니다.

그렇지만 과학과 기술의 발달이 모두에게 풍요로운 세상을 만드는지, 몇몇 사람들만 경제적 이득을 얻는 것은 아닌지 등에 대한 의문이나 논쟁이 벌어지기도 합니다.

언제부터인가 음식점에 가면 음식을 나르고 손님이 떠난 테이블에서 빈 접시를 챙기는 로봇을 볼 수 있어요. 일상에서는 아직 로봇이 낯설고 신기한 존재로 느껴지지만 산업 현장에서 로봇은 이미 일상과 같은 존재예요. 특히 우리나라의 반도체나 자동차를 만드는 공장에서 로봇은 사람만큼 쉽게 볼 수 있는 존재이지요. 전자 산업의 경우엔 인간이 할 수 없

사람을 대신하여 전자 제품을 조립 중인 로봇팔

는 초미세 공정 작업과 생산 과정에서의 초고속 검사를 위해 대량의 로봇을 사용하기도 해요.

2021년 국제로봇연맹 보고서에 따르면 산업용 로봇의 보급 수준이 10년 전에 비해 두 배 넘게 늘어났어요. 공장에서 로봇을 점점 더 많이 쓰는 이유는 간단합니다. 살아 있는 '노동자'와 비교해 볼 때 로봇은 정해진 시간만 일하게 할 필요도, 인건비를 줘야 할 필요도 없으니까요. 숙련된 기술을 익힐 때까지 훈련할 필요도 없습니다. 초기에 로봇을 사는 데 돈이 많이 들지만 길게 보면 숙련된 인력을 기르는 것보다 유리하다고 판단하기 때문이지요.

로봇의 활용은 인간에게는 어두운 미래를 가져올 거라는 전망도 있어요. 로봇이 인간의 일을 대신하는 시대가 오면 사람들은 자연스럽게 일자리를 잃게 돼요. 비용을 아끼게 된 일부 기업만 더 큰 이익을 챙기는 시대가 올 거라는 의견도 있습니다.

마이크로소프트의 창업자인 빌 게이츠는 한 잡지와의 인터뷰에서 '로봇세'를 거두어야 한다고 주장했어요. 로봇에 세금을 매기면 기업들은 비용이 늘어나는 만큼 로봇 자동화의 속도를 늦출 테고, 일자리를 잃는 노동자에게 새로운 직업 훈련을 시켜야 한다고 말했지요. 물론 반대 의견을 이야기하는 이들도 있어요. 세계적인 과학자들은 로봇세가 로봇 기술의 발전을 방해할 거라고 주장합니다.

부와 소득을 공평하게 나누는 게 우선일지, 먼저 과학을 발전시켜 모두가 풍요로운 세상을 만드는 게 우선일지, 새로운 산업 혁명의 시대에 우선순위를 가늠하고 판단해야 하는 질문이 점점 늘어나고 있습니다. 과학의 날인 오늘, 과학의 발달이 우리에게 건네는 질문을 생각해 보는 건 어떨까요?

경제를 위한 실천 행동

- 세상을 좋게 만들 수 있는 작은 발명품을 생각해 보기
- 인공 지능이나 로봇이 대체하기 어려운 직업을 조사해 보기

함께 알아 두면 좋은 날 : 7월 둘째 주 수요일 정보 보호의 날,
9월 30일 개인 정보 보호의 날

- -

#인터넷 #초연결사회 #스마트도시 #개인정보 #빅데이터
#디지털격차 #배달노동자

초연결 사회의 빛과 그림자

《80일간의 세계 일주》,《해저 2만 리》등을 쓴 작가 쥘 베른은 SF 소설의 대가로 불리는 인물입니다. 1828년에 태어난 그는 자신이 상상한 미래의 모습을 소설 속에 담았어요. 쥘 베른은 놀랍게도 에어컨, 지하철, TV 같은 물건을 상상했지요. 그중에 특히 '사진과 글을 먼 곳으로 한 번에 보낼 수 있는 기계'가 등장할 거라는 예측은 놀라움을 자아냅니다. 21세기 우리 삶을 가장 많이 바꾸고 있는 '인터넷' 기술을 떠올리게 하니까요.

인터넷은 1969년 미국의 여러 연구소와 대학교의 컴퓨터를 연결하려고 만든 알파넷에서 시작되었어요. 당시 미국과 소련은 한창 냉전 중이었어요. 미국은 전쟁에 대비하여 일부 네트워크가 파괴되어도 남은 네트워크가 제대로 된 기능을 할 수 있도록 컴퓨터 간의 연결에 대해 연구했던 것이지요.

그 후 인터넷을 통해 연결된 전 세계 사용자들이 서로의 정보를 공유하는 공간인 월드 와이드 웹(WWW, World Wide Web)이 등장하고, 수백만 대의 PC가 빠르게 인터넷에 접속하게 되었어요. 국제전기통신연합이 내놓는 보고서에 따르면 2023년 기준 전 세계 인구의 67%인 54억 명이 인터넷을 사용한다고 합니다.

이제는 인터넷으로 컴퓨터나 모바일뿐 아니라 사물까지 연결된 사회가 오고 있습니다. 스페인의 도시 바르셀로나에는 정해진 시간에 불이 켜지는 게 아니라, 어둑해지는 저녁 무렵 사람들의 말소리, 소란스러운 오토바이의 경적 소리로 조명 밝기를 조절하는 신기한 가로등이 100여 개 자리 잡고 있어요. 사람들의 목소리나 움직임을 통해 거리의 인구 밀도를 파악하고, 그 결과를 반영해 불의 밝기를 조절하는 스마트 가로등이지요.

이 신기한 가로등은 초연결 사회의 대표적 기술인 사물 인터넷을 연결해 가능해진 일이에요. 초연결 사회란 사람과 사람, 사물과 사물, 사람과 사물 등이 모두 네트워크로 촘촘하게 연결된 사회를 말합니다. 이 외에도 바르셀로나에서는 도심 지역의 교통 신호를 원격으로 제어해서 신호를 오래 기다리지 않고 목적지까지 이동할 수 있고, 버스 정류장에서는 목적지까지 향할 수 있는 최적의 환승 정보를 얻을 수 있어요. 바르셀로나는 사물 인터넷과 도시 전체에 깔린 인터넷이 시민들의 편리함을 극대화한 스마트 도시를 실험하며 초연결 사회의 선두 주자로 자리 잡고 있습니다.

스마트 도시는 편리함뿐 아니라 에너지와 자원 절약에도 도움이 돼요. 바르셀로나는 매년 스마트 가로등으로 4,700만 달러를 절약한다고 해요. 스마트 도시뿐만 아니라 스마트 공장, 스마트 농장 등에서 도구나 장비, 사물, 상품, 기계, 동식물에 대한 정보를 자동으로 주고받으며 조절하는 것이 앞으로 가능해질 거라 보입니다.

스마트 도시까지는 아니더라도 우리도 일상에서 이미 사

버스 정류장이면서 교통 정보, 냉난방, 휴대전화 충전 등의
서비스를 제공하는 스마트 쉼터

물 인터넷을 활용하고 있어요. 외출했을 때 집 바깥에서도 집 안의 불을 끄고, 온도를 조절하고, 스마트워치와 스마트폰의 연동을 통해 운동 중에 필요한 신체 정보를 파악하는 등 많은 사람이 이미 편리함을 누리고 있으니까요. 여기에 더해 앞으로는 아침에 일어나 거울을 보며 그날의 날씨나 메일을 확인하고, 변기에 누는 소변으로 건강 상태를 체크하거나 인공 지능이 운전하는 자율 주행차를 타고 이동하는 게 가능한 사회가 머지않았다는 예측도 있어요.

편리한 초연결 사회에도 어두운 뒷면은 있어요. 일단 사람뿐 아니라 사물까지 인터넷으로 연결되므로 사용자의 개인 정보가 여기저기 퍼지게 됩니다. 우리의 결제 정보나 건강 기록 등 사적인 기록들이 빅데이터에 쌓여 문제가 되고, 이것이 유출되면 돌이킬 수 없는 결과를 불러올 거라는 예측도 있지요.

모든 사람이 정보 통신에 평등하게 접근하는 건 아니라는 것도 문제예요. 새로운 정보 기술에 쉽게 접근할 수 있는 사람들도 있지만, 연령대가 높거나 인터넷을 사용할 만큼 경제적 여유가 없거나 정보 통신 기술에 접근하기 어려운 장애가 있는 경우에는 그만큼 편리한 정보를 접할 수 없어요. 이 때문에 좋은 정보에 접근하지 못하는 사람들은 경제적·사회적으로 뒤처지기 쉬워요.

코로나19가 퍼져 온라인 수업이 시작되던 초기, 미국 뉴욕 타임스에 의하면 미국 로스앤젤레스 지역의 한 고등학교 온라인 수업 출석률은 45%에 그쳤지만, 소득 수준이 비교적 높은 뉴욕 브루클린 지역의 경우 98%가 온라인 수업 및 활동에 참여했다고 보도했어요. 지역과 소득 수준에 따라 디지털 정보 기술에 접근하는 정도가 크게 달랐던 것이지요.

인터넷 보급률은 대륙별로도 차이가 큽니다. 유럽과 미국 등은 전체 인구의 약 90%가 인터넷을 사용하고 있지만, 개발 도상국이 많은 아프리카는 37%에 그쳤다고 해요. 우리나라도 인터넷 뱅킹이나 앱을 통한 음식점 온라인 줄 서기, 배달 음식 주문하기 등이 일상화되었지만, 노인들의 경우 이런 앱에 접근 자체가 어렵다는 걸 알 수 있어요. 디지털 세상에서 정보에 접근할 수 있는 수준이 다르고, 이 때문에 사회 경제적 격차가 벌어지는 현상을 디지털 격차라고 하는데, 이 현상이 점점 심해질 것으로 보입니다.

정보 통신의 발달로 플랫폼에서 직접 구매자와 판매를 연결하면서 새로운 노동이 등장하기도 해요. 음식 배달 플랫폼의 배달 노동자나, 홈 케어 플랫폼에서 가사 노동을 제공하는 노동자 등 플랫폼을 기반으로 구매자와 연결되어 일하는 사람들이 늘어나고 있어요. 그렇지만 정규직 노동자가 아니기 때문에 불안정한 임금과 조건 속에서 힘들게 일하고 있지요. 정보 통신의 발달이 우리를 편리하게 만들었지만, 예전보다 사람들이 살기 좋아졌는지 세상이 공평하게 나아가고 있는지 생각해 볼 필요가 있습니다.

4월 22일 오늘은 정보 통신의 날입니다. 정보 통신의 중요성과 의의를 높이는 목적으로 제정된 기념일이지요. 이날은 우리나라 최초로 통신 업무를 담당했던 우정총국이 고종황제의 명령으로 설립된 날이에요. 이를 기념해 정보 통신의 중요성과 의의를 기리기 위한 목적으로 제정된 기념일이지요. 초연결 시대의 편리함을 누리는 것도 좋지만, 그로 인해 벌어지고 있는 세상의 틈을 좁히기 위해 노력해 보는 건 어떨까요?

 경제를 위한 실천 행동

- 음식 배달이나 택배 배달 노동자에게 감사의 인사 건네기
- 기계 사용을 어려워하는 주변 어르신에게 스마트폰 앱이나 키오스크 사용법 알려 드리기

함께 알아 두면 좋은 날 : 4월 28일 세계 산업 안전 보건의 날

#노동자 #산업혁명 #8시간 #파업 #헤이마켓광장

광장에서 시작된 노동자의 권리

매년 5월 1일은 근로자의 날입니다. 이날은 법정 기념일로, 우리나라뿐만 아니라 세계 노동자의 날, 메이데이라고도 부르지요. 세계 각국에서 근로자의 노력과 수고를 기리고 근무 의욕을 더욱 높이기 위해 다양한 행사를 엽니다. 우리나라에서는 많은 기업이 이날을 쉬는 날로 정하여 근로자에게 휴식을 제공하고 있어요.

이날이 근로자의 날이 된 데에는 역사적 유래가 있어요. 이야기는 산업 혁명으로 거슬러 올라갑니다. 기계의 발달로 대량 생산이 본격적으로 시작된 산업 혁명은 우리 인류에게 경제적 풍요를 선물한 사건이에요. 반면 어두운 그림자도 있었습니다. 산업 혁명이 막 일어났을 당시 풍요를 누린 것은 공장을 세운 산업 자본가였고, 노동자는 상대적으로 약자의 위치에 놓여 있었어요. 농촌을 떠나 일자리를 구하러 온 사람들이 너무 많았기 때문이지요. 형편없는 임금을 받거나 하루에 15시간씩 일을 해도 생계를 유지하려면 참고 일해야 하는 환경이었어요.

법을 통해 이런 불공평을 개선할 수 있다면 좋았겠지만 안타깝게도 당시에 노동자들은 의견을 내세울 정치적 힘이 없었어요. 세금을 많이 낼 수 있거나 일정 금액 이상의 재산을 가진 부자들에게만 투표권을 주었기 때문에, 법을 정하는 의회에서는 자본가들의 의견이 주로 반영되었지요. 때문에 노동자들을 위한 제대로 된 근무 조건도 정해져 있지 않았어요.

산업 혁명이 시작된 영국뿐 아니라 미국이나 프랑스, 독일 등 산업 자본주의가 자리 잡은 나라에서는 대부분 비슷한 일이 벌어졌어요. 당시 영국에서 평균 노동 시간은 하루 10~16시간, 휴일은 일주일에 단 하루뿐이었어요.

부당한 상황을 참을 수 없던 당시 노동자들은 집단으로 항의하기 시작했어요. 파업을 하거나 공장주를 향한 시위를 하며 노동 조건을 개선해 달라고 요구했지요. 영국에서는 오랜 논의와 노동자들의 권리 주장이 이어졌습니다. 오랜 노력 끝에 영국에서는 1847년에 법을 개정하여 유소년 및 여성 노동자의 하루 노동 시간을 10시간으로 제한하기 시작했어요. 프랑스의 경우, 1848년 중소 상인들과 노동자들이 세상을 뒤엎는 혁명을 일으킨 후에야 하루 12시간 노동이라는 목표를 이룰 수 있었어요. 지금의 우리가 보기에는 하루에 10시간씩 일하는 것도 힘들어 보이지만, 이 정도의 근로 시간을 만드는 것에도 수많은 사람들의 시간과 노력이 뒷받침되었던 거예요.

이제 노동자들은 '8'이라는 새로운 숫자를 향해 달려가기 시작했어요. 영국의 사회 개혁가 로버트 오언이 1817년에 처음으로 하루 8시간 노동을 주장했어요.

오언은 스코틀랜드에 방직 공장을 가진 공장주였는데, 노동자 관리와 노동자 교육 등에 힘써 25년 만에 대기업을 이루었지요. 처음에는 협동조합을 만들고 임금과 노동 조건을 좋

로버트 오언

게 고쳐 노동자에게 의욕을 북돋는 운동을 벌였지요. '8시간 일하고, 8시간 놀고, 8시간 쉬자'는 것이 그의 주장이었어요.

이러한 기준에 따라 19세기 후반 노동자들은 하루 10시간, 12시간씩 일하던 가혹한 현실을 바꾸려 했어요.

이후 미국의 노동자들이 권리를 높이기 위해 만든 노동총동맹에서도 하루 노동 시간을 8시간으로 줄이기 위해 총파업을 하기로 결정했어요. 그 결과 1886년 5월 1일 미국 전 지역에서 34만 명의 노동자가 행진에 참가하고, 19만 명의 사람들이 파업에 참여했지요. 그날의 행사는 비교적 평화롭게 진행되었습니다.

그런데 이틀 후인 5월 3일에 심각한 사건이 벌어졌어요. 맥코믹 농기계 공장에서 농성을 하던 노동자들에게 경찰이 총을 쏘았고, 이 때문에 시위 현장에서 6명이 사망하는 일이 벌어졌어요. 다음 날 노동자들은 헤이마켓 광장에서 이를 항의하는 집회를 열었어요. 그런데 여기서 누군가 총을 발사하여 사상자들이 발생했습니다.

경찰은 범인이 누구인지 명확하지 않은 이 사건을 핑계로 집회를 금지했어요. 심지어 노동 운동 지도자들을 체포하여 사형을 집행하거나 감옥에 가두는 만행을 저질렀습니다.

비극적인 상황이 벌어졌지만, 근로 조건을 개선하려는 노

헤이마켓 광장에서 열린 노동자 집회 기록화

동자들의 투쟁은 끈질기게 이어졌어요. 세계노동자연대는
헤이마켓 사건을 기리는 의미에서 1890년 5월 1일을 기점
으로 전 세계 모든 도시에서 함께 하루 8시간 노동 시간을
공개적으로 요구하는 대규모 국제 시위를 열겠다고 선언했
어요. 이때부터 5월 1일은 전 세계 노동자들의 권리를 기리
는 날이 되었습니다. 그 결과 20세기에는 국제노동기구(ILO,
International Labour Organization)의 1호 조약으로 하루 8시간 노동
이 채택되었고, 이 시간은 전 세계 근로 시간의 기준으로 자
리 잡았습니다.

우리나라에서도 근로기준법을 통해 하루 8시간 근무를 기
준으로 삼고 있어요. 근로기준법 제50조(근로시간)에는 '1주

일간의 근로 시간은 휴게 시간을 제외하고 40시간을 넘을 수 없다'는 내용과 '하루의 근로 시간은 휴게 시간을 제외하고 8시간을 초과할 수 없다'는 내용이 적혀 있어요. 근로자의 법정 근로 시간을 '하루 최대 8시간, 일주일 최대 40시간'으로 규정한 것이지요. 5명 이상으로 이루어진 사업장에서는 정해진 규정을 넘어 근무를 해야 할 경우에도 일주일에 최대 12시간만 더 근무를 시킬 수 있어요. 이제 노동자들의 근로 시간이나 근무 조건이 법에 명확히 정해져 있고, 근로 계약을 할 때도 이 조건을 지켜야 하는 시대가 온 것입니다.

오늘은 5월 1일 근로자의 날입니다. 부모님을 비롯한 일을 하고 있는 노동자분들의 노고에 감사의 인사를 전해 보는 건 어떨까요? 더불어 일의 참된 의미에 대해 생각해 보는 하루가 되기를 바랍니다.

 경제를 위한 실천 행동

- 노동 조건을 개선하기 위해 노력한 역사적 인물을 조사해 보기
- 고용노동부 홈페이지에서 표준 근로계약서를 다운로드한 뒤 어떤 항목을 적어야 하는지 살펴보고 가상으로 근로계약서 작성해 보기

커피에 공정함을 담을 수 있다면

'악마처럼 검고, 지옥처럼 뜨거우며, 천사처럼 아름답고, 사랑처럼 달콤하다.'

프랑스의 작가이자 외교가였던 탈레랑이 천국과 지옥을 오가는 맛이라 칭한 음료가 있습니다. 바로 커피입니다. 커피는 150cm 정도의 키가 작은 나무에서 열리는 열매를 갈아서 만든 음료예요. 커피 열매를 물에 넣고 끓여 먹으면 원기를 북돋울 수 있다는 것을 알게 되면서 사람들이 즐겨 먹는 음료가 되었어요.

커피는 세계에서 가장 사랑받는 음료로 연간 4천억 잔이 소비될 정도로 사랑받고 있어요. 커피를 주로 소비하는

건 선진국이라 불리는 나라들이 많습니다. 그렇지만 커피의 주된 원료가 되는 원두의 생산은 일명 '커피 벨트'에 위치한 개발 도상국에서 이루어지는 경우가 많아요. 커피는 적도를 중심으로 위도 23.5도 사이, 연 강수량은 1,500~2,000밀리미터 수준으로 해발 1,000~3,000미터 사이의 다소 까다로운 조건에서 자라요. 이렇게 전 세계에서 커피를 재배할 수 있는 곳을 지도에 표시하면 띠처럼 연결되는데, 이것을 커피 벨트라고 부릅니다.

그런데 커피 산업을 들여다보면, 선진국 사람들의 커피 소비는 늘어나고 있는데, 정작 생산을 하는 개발 도상국의 경제적 이익은 증가하지 않는 불공평한 상황이 펼쳐지고 있습니다. 커피는 전 세계에 약 2,500만 명의 생산자가 재배하고 5억 명 이상의 인구가 소비하는 음료예요. 실제로 커피콩을 생산하는 것은 10헥타르 미만의 작은 경작지를 가진 농부들입니다. 커피콩은 다른 곳에 팔리기 위해 커피를 로스팅하는 업체, 거래·유통하는 업체에 넘어가지요. 그런데 이처럼 커

피를 로스팅하는 업체의 45%는 5개의 글로벌 기업에, 커피콩을 거래하는 업체는 3개뿐이에요. 이처럼 커피 유통업체와 가공업체는 경쟁자가 많지 않아요. 이 상태에서 여러 기업이 힘을 합치고 자체 브랜드를 만들어 큰 힘을 가지고 있기에 전 세계 커피 시장을 마음대로 휘두르고 있지요.

이들 업체는 자신들에게 돌아갈 이익을 늘리기 위해 농민에게 돌아갈 커피콩 가격을 내립니다. 우리가 5,000원짜리 커피를 한 잔 마시면 그중에서 커피콩을 생산하는 농민에게 돌아가는 돈은 대부분 10원도 채 되지 않아요. 원두를 생산해서는 우리가 마시는 아메리카노 한 잔을 살 수 없을 정도로 적은 돈만 벌 수 있는 것입니다.

이러한 현실은 커피에만 해당하는 이야기가 아니에요. 우리가 입는 옷이나 신발, 장난감, 축구공 등은 대부분 아시아와 남아메리카 등의 지역에서 저임금 노동자들을 착취하면서 만들어져요. 노동자들이 하루 16시간씩 일주일 내내 일하는 경우도 흔합니다. 건강을 해칠 수 있는 작업 환경을 견디면서 이들이 일을 하는 이유는 생계 때문이에요. 가족들을 부양하거나 먹고살 문제를 해결하기 위해서 끊임없이 노동을 착취당하는 셈이지요. 우리가 저렴한 가격에 사고 버리는 물건 중 일부는 남미나 아시아의 노동자들에게 낮은 임금을

주고 얻은 것일 가능성이 높습니다.

이처럼 전 세계적인 불공정을 해결하겠다는 뜻으로 시작된 새로운 방식의 무역이 공정 무역이에요. 공정 무역이란 생산자의 노동에 정당한 값을 지불하는 무역이지요. 현재 지구촌의 무역 구조에 불리한 점을 바로잡는다는 의미에서 이와 같은 이름이 붙었어요.

상품을 비싸게 팔아도 그 벌어들인 수입 중 대다수가 노동자가 아닌 중간 유통업자나 땅의 주인에게 돌아가는 경우가 많아요. 그래서 거래자가 직접 제3세계 생산자에게 제값을 주고 커피를 사서 소비자에게 판매하는 방식을 이용하고 있지요. 생산자에게 정당한 돈을 지불하고, 소비자는 질 높은 제품을 제공받는 것이 공정 무역의 장점입니다.

공정 무역의 발단은 1980년대 말 세계 커피 가격이 폭락하면서 시작되었어요. 어려움을 겪는 멕시코 농부들을 돕기 위해 공정 무역을 시작했지요. 현재는 400여 개의 공정 무역 인증 커피 협동조합이 있고, 73만 명 이상의 커피 농부가 참여하고 있어요. 이 공정 무역은 생산자들에게 제대로 된 대가를 제공하고, 아동의 강제 노동을 금지하고, 농약을 줄이고, 폐기물을 안전하게 처리하여 토양과 수질을 관리하는 등 인권과 환경에도 신경을 써요. 커피뿐만 아니라 코코아, 설탕, 바나나, 망고. 체리, 축구공, 목화까지 전 세계에 3만 5,000종에 이르는 수많은 제품이 공정 무역 방식으로 생산되고 있지요.

5월 둘째 주 토요일은 국제 무역의 공평하고 정의로운 관계를 만들기 위한 공정 무역을 기리는 날이에요. 세계 70개 나라 300여 단체들은 5월 둘째 주 토요일에 공정 무역 제품을 전시하고 시식하고 연주하고 행진하는 등 다양한 행사를 열어요. 세계의 가난한 사람들을 괴롭히는 빈곤과 착취, 기후 변화 등에 맞서 이들에게 지속 가능한 삶을 안겨 주기 위해 노력하지요.

하지만 공정 무역의 문제점을 지적하는 의견도 있어요. 공정 무역이 실질적으로 개발 도상국 생산자들의 생활을 개선하는 데 도움이 되지 않는다는 의견이지요. 생산자들이 최저 가격을 보장받기 때문에 오히려 공정 무역용으로 낮은 품질의 제품을 내놓는 경우도 있거든요.

좋은 의도로 공정 무역 상품을 사 먹는 소비자라 해도 가격에 비해 맛이 없거나 품질이 떨어지는 음식이라면 계속 사

먹지 않을 거예요. 단순히 기업이나 소비자의 '착한 마음'에만 기대는 것만으로 공정 무역을 활성화시키기 어렵지요. 공정 무역 제품에 세련된 이미지를 더하고 소비자들이 쉽게 접근할 수 있도록 하는 게 중요해요.

공정 무역을 하려면 인증 절차가 필요한데 이것을 신청하는 수수료나 초기 인증 비용 등은 작은 농장에서 감당하기 어렵다는 이야기도 있어요. 그뿐만 아니라 공정 무역을 통해 거래된 커피는 일반 커피보다 더 비싼 가격에 거래되는데, 실제 그 돈이 투명하게 생산자에게 돌아가는지 의문을 던지는 이들도 있습니다.

이렇게 장단점이 존재하는 공정 무역을 기리는 날에, 우리는 어떤 마음을 가져야 할까요? 평소 자주 사는 제품 중 공정 무역 마크가 있는 상품으로 대체할 수 있는 것이 있는지 찾아보는 것도 좋은 자세예요. 단순히 공정 무역 마크가 있는 제품을 사고 만족하기보다는, 조금 귀찮더라도 소비한 돈

국제공정무역상표기구(FLO) 인증 마크   세계공정무역기구(WFTO) 인증 마크

에서 얼마가 생산자에게 돌아가는지에도 관심을 기울일 필요가 있습니다. 커피나 초콜릿, 장난감처럼 우리가 흔하게 접하는 물건에도 전 세계 사람들의 땀과 노동이 연결되어 있다는 것을 기억하는 하루가 되길 바랍니다.

💡 경제를 위한 실천 행동

- 공정 무역으로 수입된 제품을 산 뒤 사진을 찍어 SNS에 올리기
- 내가 쓰고 있는 일상용품이나 자주 먹는 음식에서 공정 무역으로 대체할 수 있는 상품이 있는지 찾아보기

5 월 22 일
국제 생물 다양성의 날

함께 알아 두면 좋은 날 : 3월 3일 세계 야생 동식물의 날,
4월 1일 멸종 위기종의 날
- -
#멸종위기동물 #지구온난화 #공유지의비극 #생물다양성 #기후변화

생물이 사라지는 공유지의 비극을 막으려면

인도호랑이를 알고 있나요? 밝게 빛나는 눈과 용맹한 표정으로 상대를 제압하는 모습이 인상적인 동물이지요. 인도호랑이는 사냥할 때 매우 철두철미하고 꼼꼼하며 용맹한 것으로 유명해요.

그런데 용맹의 상징인 인도호랑이가 멸종될 위기에 처해 있어요. 인도호랑이의 서식지가 사라지고 있기 때문이에요. 인도호랑이는 주로 방글라데시나 인도의 습지에서 서식해요. 그런데 지구 온난화 때문에 해수면이 높아지자 서식지가 물에 잠길 위기에 처한 것이지요. 유엔의 발표에 따르면 2070년에는 해수면 상승으로 습지가 완전히 물에 잠겨 인도

호랑이는 멸종할 것으로 예상
됩니다.

멸종 위기인 인도호랑이

사냥꾼들의 밀렵도 인도호
랑이의 개체 수를 줄이는 원인
중 하나예요. 인도호랑이의 아
름다운 털은 인테리어 장식이
나 고급 의류를 만드는 데 이
용됩니다. 다른 부위 역시 영
향력을 얻거나 부와 권력을 과
시하기 위해 뇌물 혹은 선물로
사용할 수 있어서 밀렵꾼들이 무자비하게 인도호랑이를 잡
았지요. 2021년에는 방글라데시에서 인도호랑이를 70마리
밀렵한 사냥꾼이 20년 만에 경찰에 붙잡히기도 했어요.

인도호랑이만의 이야기일까요? 지구 온난화가 진행되고
인간에 의한 생태계 파괴가 계속된다면 우리에게 친숙한 많
은 야생 동물을 지구에서 못 볼 가능성이 높아요. 밀림에서
달리기 선수로 불리는 치타는 지구 온난화로 폭염이 심해지
면서 수컷의 호르몬 수치가 낮아져 새끼를 갖기 어려운 상태
가 되었다고 해요. 그 결과 2019년 기준으로 약 7,100마리
만 남아 있어 곧 멸종 위기종이 될 가능성이 높은 것으로 나

타났어요.

멸종 위기인 인도호랑이, 치타 등과 달리 개체 수가 계속 늘어나는 동물도 있어요. 바로 소입니다. 미국 농무부에 의하면 2020년 기준으로 전 세계 9억 8천만 마리의 소가 길러지고 있다고 해요. 소는 인간이 고기나 우유로 소비할 수 있고, 농업에도 도움이 되는 동물이지요.

소가 얼마나 늘어났는지는 우리나라 조선 시대의 역사만 잠깐 살펴봐도 쉽게 알 수 있어요. 현재 우리나라의 소는 세조 7년에 오키나와에서 들여온 물소와 교배를 하여 개량된 품종이에요. 성종, 연산군 등은 물소를 각 고을에 나눠 주어 농업의 생산력을 높이는 데 힘썼어요. 조선 초기에 사육하던 소는 약 3만 마리였고, 18세기 후반에는 100만 마리로 늘어났지요. 조선 초기부터 20세기 초까지 인구는 4~5배 정도

대량으로 사육되는 소

늘었는데, 사육되는 소의 수는 30~40배 늘어났다고 해요.

지구상에서 '사라지는 동물'과 '늘어나는 동물'의 차이는 어디에서 비롯된 걸까요? 미국의 생태학자 개럿 하딘이 펼친 이야기에서 힌트를 얻을 수 있습니다. 그는 특정 자원에 대한 소유권이나 책임감이 없을 경우 사람들은 오히려 당장 눈앞의 이익에 눈이 멀어서 자원이 고갈된다고 주장했어요.

하딘은 공동 목초지의 사례를 들어 이 개념을 설명했어요. 어느 마을에 양 100마리를 기를 수 있는 마을 소유의 공동 목초지가 있습니다. 마을 사람이라면 누구나 자신이 가진 양을 데리고 와서 마을의 풀을 뜯어 먹을 수 있어요. 그런데 양이 100마리가 넘어가면 양이 풀을 먹는 속도가 빨라져서, 풀이 자라는 속도를 넘어서게 되지요. 이 때문에 공동 목초지는 풀이 없는 황폐한 곳이 돼요. 하딘은 누구도 소유하지 않는 공유 자원이 이렇게 빠르게 고갈되는 현상을 '공유지의 비극'이라고 말했어요.

공유지의 비극은 환경 문제가 나날이 심각해지는 지금, 마음 깊이 다가오는 이론이에요. 사람들이 바다에서 물고기를 마구잡이로 잡아들여 바다 생물이 줄어들고 있고, 밀렵꾼들은 돈이 될 만한 동물들을 경쟁적으로 잡아서 야생 동물이 멸종 위기에 놓였어요. 전 세계에서 산업화를 위해 내뿜는 온실가스 때문에 지구 온난화가 우리의 삶을 위협하는 상태가 되었어요. 모두가 함께 소유하는 것이지만 누구의 것도 아니라 여겼기에 비극이 일어난 것이었지요.

이러한 비극을 해결하기 위해 오히려 공동의 자원을 개인의 소유로 돌리는 편이 낫다고 말하는 경제학자들도 있어요. 예를 들어 아프리카의 여러 나라가 야생 동물을 국가 소유로 만들고 사냥을 금지한 적이 있었어요. 그랬더니 오히려 불법으로 야생 동물을 사고파는 암시장에서 거래를 위해 야생 동물을 몰래 잡아 파는 사람들이 늘어났지요.

그 후 야생 동물을 국유화하지 않고 주변에 사는 부족에게 소유권을 안겨 주었어요. 그런 다음 소유권을 지닌 부족 사람들에게 관광 수입을 위해 야생 동물을 활용하게 했더니 부족민들이 알아서 밀렵꾼들을 쫓아냈지요. 덕분에 야생 동물이 사라지는 현상도 늦출 수 있었어요. 이처럼 사라지는 생물종을 나와 직접적으로 연관된 것으로 여길 때 비로소 아끼고 가꾸는 행동으로 이어집니다. 이 덕분에 공유지의 비극을 막을 수 있는 것이지요.

매년 5월 22일은 1993년 유엔에서 정한 국제 생물 다양성의 날이에요. '생물 다양성'은 지구에 살고 있는 모든 생물종(species)과 유전자(gene)가 다양한 생물이 상호 작용을 하며 다양한 환경에서 사는 것을 말해요. 각 생물종은 생태계에서 각자 고유하게 맡은 역할을 담당하므로 한 종이라도 사라지면 생태계 전체에 미치는 효과로 연결될 수 있으니까요.

예를 들어, 기후 변화 등의 이유로 꿀벌의 개체 수가 빠르게 줄어들면 꿀벌이 수분을 도와야 열매를 맺는 대다수의 농작물이 제대로 열리지 않아 재배가 어려울 거예요. 이것은 사회 전반의 식량 문제로 이어질 수 있어요. 이런 면에서 생물 다양성 보전 문제는 우리의 생존을 위한 문제이기도 해요.

국제 생물 다양성의 날인 오늘, 지구의 생태계와 나는 뗄 수 없는 관계임을 다시 한번 떠올려 보고 공유지의 비극을 막기 위해 적극적으로 노력해 보는 건 어떨까요?

경제를 위한 실천 행동

- 플라스틱과 종이 사용을 줄이고 재활용하기
- 자연 보호 구역, 공원이나 숲에서 쓰레기 줍기 등 자원봉사 하기

금연의 날

함께 알아 두면 좋은 날 : 4월 7일 보건의 날, 8월 1일 세계 폐암의 날

#담배 #담뱃세 #흡연율 #수요 #수요량 #수요의법칙

담배 가격을 올리면 사람들이 금연할까?

조선 후기 실학자 이익이 쓴 《성호사설》에는 '남쪽에서 온 신령스러운 풀'을 뜻하는 남령초에 대한 이야기가 실려 있어요. 이 식물의 잎을 말려 피우면 가래가 목에 걸려 떨어지지 않거나 소화가 되지 않아 눕기가 불편할 때, 추운 날씨에 한기를 막을 때 좋다는 내용이지요. 반면 이를 계속할 때 정신과 눈·귀에 해롭고, 재물을 소비할 수 있다는 내용도 담겨 있어요. 더불어 이 식물을 만병통치약으로 여겼다는 이야기도 덧붙여져 있지요. 이익이 다양하게 이야기했던 이 식물의 당시 이름은 담바고. 현재 담배라고 불리는 상품입니다.

담배는 오래전부터 중앙아메리카의 고원 지방에서 재배

되던 식물이에요. 본격적으로 유럽에 담배가 알려진 건 16세기 프랑스 왕가의 외교관이자 언어학자였던 장 니코(Jean Nicot) 때문이었어요. 그는 포르투갈 대사로 임명되어 서아프리카에 갔을 때 처음으로 담배를 보았어요. 1.5~2m 정도 되는 높이의 작물로, 여름에

깔때기 모양의 담배꽃

향기로운 깔때기 모양의 꽃을 피우는 식물이었지요.

니코는 1560년 프랑스로 돌아오는 길에 포르투갈에서 담배 씨앗을 가지고 왔어요. 종기가 난 환자의 얼굴에 담배 이파리를 짓이겨 낸 즙을 붙였는데 열흘 만에 환자의 종기가 사라졌다고 해요. 니코는 담뱃잎이 상처나 화상, 종기에 효과가 있다고 믿었기에 프랑스에 널리 보급시켰는데, 이것이 담배 경작의 시초였어요. 당시 담배는 중앙아메리카의 서인도 제도에서 콜럼버스가 원주민에게 담배를 배워 온 후 스페인과 포르투갈에 알려져 있었어요. 반면에 서유럽에서는 사람들이 잘 모르던 식물이었어요. 장 니코가 프랑스에 담배를 들여오면서 유럽 전역에 퍼졌지요.

장 니코의 이름은 훗날 담배의 중독성을 불러일으키는 물질 '니코틴'의 어원이 되었어요. 만병통치약으로 널리 알려진 것도 인기에 큰 몫을 했지요. 1800년대까지는 담배가 흑사병을 막아 준다는 소문이 나서 사람들이 건강을 유지하기 위해 담배를 피우기도 했어요.

신기한 치료제로 여겨지던 담배는 20세기 이후 만병의 근원으로 불리게 됩니다. 1900년대 초중반 사이에 미국의 폐암 환자가 기하급수적으로 늘어난 적이 있었어요. 원인을 모르던 상황에서 학자들은 담배의 수요가 늘어날수록 폐암 환자의 수가 동시에 늘어난다는 것을 알아냈습니다. 1964년에 미국공중위생국에서 '흡연은 암을 유발한다'는 연구 결과를 발표하자 미국 정부는 모든 담뱃갑에 흡연의 위험을 알리는 경고문을 부착하도록 했습니다. 세계 각국에서도 금연을 장려하는 정책을 펼쳤어요.

1960년대부터 알려졌듯, 사람들이 피우는 담배와 담배 연기에는 중독을 일으키는 니코틴을 포함해 암을 일으키는 약 69종의 물질과 4,000종 이상의 화학 물질을 담고 있습니다. 담배가 탈 때 생기는 끈적한 점액 물질인 타르 속에는 암을 유발하는 20여 종의 성분이 존재하기도 하지요. 담배 연기는 다른 이들에게 영향을 주기도 합니다.

담배 연기가 가득한 방에 있기만 해도 머리가 아프고 정신이 멍해지는 것은 담배에 일산화탄소가 들어 있기 때문이에요. 일산화탄소는 혈액의 산소 운반 능력을 감소시켜 만성 저산소증 현상을 일으키  면서 신진대사를 방해하고, 노화 현상이 빨라져요.

이렇게 몸에 해로운 담배를 끊기 위해 세계보건기구(WHO, World Health Organization)는 5월 31일을 세계 금연의 날로 지정했어요. 흡연의 위험성을 경고하여 전 세계 흡연자들이 담배에 대한 의존에서 벗어날 수 있는 계기를 마련하기 위해 만든 날이지요.

담배의 나쁜 영향이 널리 알려지며 각 나라는 흡연자들이 금연할 수 있게 만들 방법을 생각했어요. 어떤 나라에서는 담배에 매기는 세금을 높이거나 건강증진부담금 등을 인상해 금연을 유도하고 있어요. 우리나라에서도 2015년에 담뱃세를 1갑당 2,500원에서 4,500원으로 크게 올린 적이 있어요. 실제 인상 전후를 비교해 보면 흡연율이 조금씩 줄었답니다.

담배뿐만 아니라 어떤 상품이든 가격이 오르면 구매자들

이 그 물건을 덜 사려고 하는 경향이 있어요. 여기서 소비자들이 실제 어떤 상품을 사고자 하는 욕구를 경제학에서는 수요라고 해요. 수요량은 일정한 가격에서 사람들이 사고자 하는 상품의 구체적인 양을 말하지요.

만약 담배 가격이 4,000원일 때 담배를 사고자 하는 사람들이 1,000명이라면, 가격이 7,000원으로 올랐을 때는 500명으로 떨어지는 일이 생겨요. 이처럼 가격이 올라가면 수요량이 줄어드는 법칙을 '수요의 법칙'이라고 해요. 담배에 세금을 붙여 가격을 올리는 건 수요의 법칙을 이용해 흡연율을 줄이려는 방법이지요.

담배에 세금을 붙이는 것 외에도 흡연율을 줄이는 방법이 있어요. 실제 우리가 사는 담뱃값을 보면 흡연 때문에 폐암이나 구강암에 걸린 암세포 사진 등을 실어 흡연의 위험성을 알리는 걸 볼 수 있어요. 또는 학교나 공공 기관 등에서 금연 교육을 실시하여 흡연을 예방하는 방법도 있지요. 담배가 왜 해로운지 알려 주는 금연 광고를 제작해서 미디어를 통해 보여 주는 것도 하나의 방법입니다.

흡연의 피해를 알리는 건 흡연에 대한 선호를 줄여 자연스럽게 흡연율을 낮추려는 시도예요. 이 방법은 가격이 아니라 그 외의 인기를 떨어뜨리는 방법으로 담배에 대한 수요를 줄이는 것이지요. 이처럼 가격 이외의 원인으로 어떤 상품에 대한 인기나 수요가 줄어드는 일이 있어요.

가령 조류 독감이 돈다는 소식 때문에 계란이나 닭고기의 수요가 줄어드는 일이 생겨요. 반대로 가격 때문이 아니라 어떤 상품의 인기가 올라서 수요가 늘어나는 일도 있습니다. 폭염이 심해져서 에어컨이나 선풍기의 수요가 늘어나는 일도 하나의 예지요.

이처럼 어떤 상품을 구매자들이 더 많이, 또는 덜 찾게 하기 위해 두 가지 방법을 쓸 수 있어요. 하나는 '가격'에 변화를 주는 것이고, 다른 하나는 가격이 아니라 '선호도'에 변화를 주는 방법이지요.

금연의 날인 오늘, 흡연의 피해를 막기 위한 다양한 방법을 살펴보았으니 각 나라의 다양한 금연 캠페인이나 금연 정책을 찾아보는 건 어떨까요? 담배에 들어 있는 여러 유해 물질에 대해 알아보는 것도 좋겠습니다.

경제를 위한 실천 행동

- 해외의 다양한 금연 정책과 캠페인을 찾아 조사하기
- 담배 속 유해 물질이 우리 몸에 어떤 영향을 주는지 알아보기

여름

미리 생각해 보기

① 대기업과 중소기업 중 어떤 곳을 먼저 지원해야 나라 경제에
도움이 될까?
▶ 6월 27일 중소기업의 날

② 철도 서비스를 공기업과 민간 기업 중 누가 운영하는 게 좋을까?
▶ 6월 28일 철도의 날

③ 인구 증가는 경제 성장에 도움이 될까, 문제가 될까?
▶ 7월 11일 세계 인구의 날

6~8월

6/12 세계 아동 노동 반대의 날	**6/14** 세계 헌혈자의 날		

6/26

세계 마약 퇴치의 날

6/27

중소기업의 날

6/28

철도의 날

7월 첫째 주 월요일

산업 안전 보건의 날

7월 첫째 주 토요일

국제 협동조합의 날

7/11

세계 인구의 날

6 월 12 일

세계 아동 노동 반대의 날

함께 알아 두면 좋은 날 : 5월 5일 어린이날

#성냥팔이소녀 #올리버트위스트 #아동노동자 #산업혁명 #근로기준법

21세기에도 존재하는 '성냥팔이 소녀'의 슬픔

안데르센의 단편 동화 〈성냥팔이 소녀〉를 알고 있나요? 성냥팔이 소녀는 아버지의 명령으로 추운 겨울날 성냥을 팔기 위해 맨발로 길거리를 떠돌았어요. 그렇지만 누구도 소녀가 파는 성냥에 큰 관심이 없었어요. 소녀는 추위에 떨다가 성냥을 켰는데, 때마침 환상을 보게 됩니다. 성냥을 하나씩 피울 때마다 소녀가 원하는 음식과 난로가 나왔지요. 마지막으로 돌아가신 할머니의 영혼을 본 뒤 성냥팔이 소녀는 죽음을 맞이합니다.

1845년에 발표된 성냥팔이 소녀의 이야기는 단순한 동화가 아니에요. 이야기 속에는 산업화 초기의 아동 노동의 가혹한 현실이 숨어 있습니다. 당시 노동자 계층에게 있어 어린 시절은 뛰어놀거나 학교에서 공부하는 시기가 아니라, 공장 일을 시작하는 시기였어요. 노동자 계층의 아이들은 4~6세 때부터 생계를 위해 공장 일을 했습니

〈성냥팔이 소녀〉 속 삽화

다. 공장 주인들이 아이들을 주로 고용한 이유는 성인 노동자에 비해 더 적은 임금으로, 더 긴 시간 일을 시킬 수 있었기 때문이에요.

안데르센 동화에서 소녀가 파는 것이 성냥이라는 점도 의미심장합니다. 당시 안데르센의 고향인 덴마크에서는 많은 소녀가 성냥 공장에서 일을 했어요. 성냥 공장의 노동 시간은 새벽 6시부터 저녁 6시까지, 거의 12시간 가까이 되었습니다. 휴식 시간은 고작해야 두 번 정도였지요.

소녀들은 가혹한 노동 시간뿐만 아니라 위험한 환경에도 노출되어 있었어요. 대부분의 어린 소녀들이 성냥 공장에서 맡은 일은 작은 성냥 막대기 끝을 유독성 물질에 담갔다가 빼는 작업이었어요. 아이들은 환기가 제대로 되지 않은 공장

안에서 유독성 물질에서 나오는 유해 가스를 마시며 일했지요. 이 유해 가스로 인해 병에 걸리거나 죽음에 이르는 아이들이 많았습니다.

아이들에게서 유해 가스 중독의 기미가 보이면, 공장 주인들은 아이들을 공장 밖으로 내쫓기도 했습니다. 이러한 이유로 탄광, 굴뚝 청소, 성냥 공장 등 아이들이 열악한 환경에서 일하다가 사고로 죽거나 큰 병에 걸리는 참혹한 일이 빈번히 일어났어요.

찰스 디킨스의 소설 《올리버 트위스트》 역시 당시 노동자계급 아이들의 참혹한 현실을 다뤘습니다. 이 아이들은 소설속 등장인물들처럼 하루 종일 일하는 경우가 많았어요. 특히 매우 가난한 아이들은 지낼 곳과 일자리를 제공받을 수 있는 구빈원에 보내져 공장 일을 시작했습니다.

18~19세기에 영국과 미국의 방적 공장에서도 아이들을 고용했어요. 방적 공장은 면이나 양털 등의 원료에서 길고 가는 실 모양의 섬유를 만드는 공장이었지요. 1818년 영국 맨체스터의 한 방적 공장에서 일하는 아동 노동자들을 조사해 봤더니 절반 이상의 근로자가 10세 이전부터 일한 것으로 나타났어요. 이 어린아이들이 교육을 받지 못하고 공장 일을 시작했다는 사실은 매우 놀랍고도 안타깝게 느껴집니다.

《올리버 트위스트》 속 삽화

　방적 공장에서 어린아이들을 고용한 이유 중 하나는 몸집이 작기 때문이에요. 실을 만드는 기계인 방적기를 돌리다 보면 기계 주변에 자연스럽게 솜 부스러기가 떨어졌는데요. 공장 주인들은 몸집이 작은 아이들에게 기계 아래로 들어가 솜을 쓸고 모으게 했습니다. 이 일은 매우 위험했기 때문에 많은 아이들이 기계 밑에서 심한 부상을 입었어요. 무거운 부품에 손이 짓눌리거나 기계 사이에 끼기도 했답니다.

　아동 노동자들의 비참한 현실은 1818년에 대형 사고가 터지면서 세상에 널리 알려졌어요. 맨체스터의 한 방적 공장에서 큰불이 나, 늦은 시간까지 일을 하던 소녀 17명이 화재로 목숨을 잃었지요. 이 사건이 알려지자 영국에서는 여러 번의 공장법 개정을 거쳐 1833년에 9세 미만의 어린이를 노동자로 고용할 수 없고, 9~12세 어린이는 하루 최대 9시간, 13~18세 어린이는 12시간까지만 일할 수 있게 법을 바꾸었어요. 덕분에 1835년까지 영국과 스코틀랜드의 방적 공장에서 일하는 18세 미만 근로자의 비율은 절반 가까이 떨어졌어요. 1844년에는 공장법이 다시 개정되어 공장에 다니는 어린이도 하루의 절반은 일을 하고, 나머지는 학교에 다니게 하는 규정이 생겼습니다.

20세기를 지나며 어린이의 노동 환경은 빠르게 좋아졌어요. 지금은 대부분의 나라가 15세 미만 아동의 노동을 불법

방적 공장에서 기계 위에 올라가 일하는 아동 노동자들(1909년)

으로 규정하고 있어요. 우리나라도 15세 미만 아동은 근로자로 일할 수 없다는 규정이 근로기준법에 나와 있습니다.

그럼 이제 전 세계 어린이 모두가 노동에서 벗어나 교육받을 권리를 누리며 살고 있을까요? 안타깝게도 그렇지 않아요. 초콜릿의 원료인 카카오를 생산하는 서아프리카의 코트디부아르에서는 15세가 채 되지 않은 아이들이 하루 종일 카카오 열매를 따고 있어요. 보호 장비도 없이 농약과 살충제에 노출된 채로 일하고 고작 하루 평균 0.34달러(2024년 기준, 약 460원)를 받지요. 초콜릿의 원료인 카카오를 따기 위해 일하는 어린이들은 정작 선진국에서 초콜릿 1개 값에도 못 미치는 하루 임금을 벌고 있다는 사실이 참으로 아이러니하게 느껴집니다.

심지어 몇몇 아이들은 더 가난한 말리 공화국이나 토고 공화국 등 주변 국가로 끌려가 돈 한 푼 받지 못하며 일하고 있어요. 일부 어린이들은 정해진 목표량을 채우지 못하면 매를 맞기도 하고, 일이 끝난 뒤에도 깨끗한 물이나 위생적인 욕실은커녕 창문도 없는 건물의 나무판자 위에서 불편한 잠을 청하기도 합니다.

국제노동기구의 조사에 따르면, 코로나19 이후에 개발 도상국의 노동 환경이 크게 열악해지면서 아동 노동자 수가 많

벽돌 공장에서 일하는
마다가스카르의 아동 노동자들

이 늘어났다고 해요. 이 원인은 바로 전 세계적인 경기 침체 때문이에요.

코로나19가 널리 퍼지자 사회적 거리 두기로 인해 한동안 공장 가동이 어려웠어요. 이에 사람들의 소비도 줄고, 나라 간 무역마저 힘들어졌습니다. 기업의 물건이 팔리지 않는 상태에서 노동자 수만 명이 일자리를 잃거나 더 나쁜 조건의 일자리도 감수해야 하는 상황이지요. 일자리가 부족해지자 부모의 수입만으로는 생계를 이어 가기 어려워졌어요. 그렇게 아이들은 다시 일터로 내몰렸지요.

6월 12일인 오늘은 세계 아동 노동 반대의 날입니다. 국제 노동기구가 아동 노동을 없애기 위해 2002년에 제정한 날이에요. 유엔아동권리 협약 제32조에 따르면 '모든 아동은 경제적으로 착취당해서는 안 되며, 건강과 발달을 위협하고 교육에 지장을 주는 유해한 노동으로부터 보호받아야' 합니다. 그렇지만 우리가 무심코 소비하는 글로벌 브랜드 의류, 운동화, 커피, 초콜릿, 축구공 같은 공산품들이 개발 도상국 아동들의 노동을 착취하여 만들어지는 경우가 많아요. 우리가 구매하는 음식이나 물건 중 아동 노동에 의해 생산된 상품이 있는지 조사하고, 의식적으로 소비를 줄이는 노력이 필요합니다. 우리의 작은 행동 변화가 먼 곳에 있는 아이들에게는 큰 도움이 될 수 있으니까요.

💡 경제를 위한 실천 행동

- 내가 사용하는 물건 중 개발 도상국 아동의 노동력이 들어간 물건을 찾아보고, 다른 상품으로 대체하기
- 개발 도상국의 아동들의 노동 현실을 알리는 글을 작성하여 SNS에 올리기

세계 헌혈자의 날

함께 알아 두면 좋은 날 : 12월 5일 자원봉사자의 날

- -

#헌혈 #헌혈의집 #혈액형 #매혈 #인센티브 #합리적존재
#경제적유인 #헌혈증서

36.5℃ 나눔의 힘, 헌혈

헌혈의 집과 헌혈 버스를 본 적 있나요? 이는 모두 대한적십자사에서 운영하는 헌혈 시설로, 전국 곳곳에서 찾아볼 수 있어요. 헌혈을 원하는 이들 중 건강 상태나 몸무게 등 기준에 맞다면, 누구나 이곳에 방문하여 헌혈을 할 수 있지요.

6월 14일은 세계 헌혈자의 날입니다. 스스로 헌혈에 참여하는 사람들에게 감사와 존경을 전하기 위해 마련된 기념일이에요. 2004년에 국제적인 헌혈 관련 기관들이 모여, ABO 혈액형을 발견한 오스트리아의 병리학자 카를 란트슈타이너의 생일인 6월 14일을 세계 헌혈자의 날로 제정했지요.

헌혈의 역사는 1628년 영국의 의사 윌리엄 하비가 혈관

안으로 혈액을 넣는 수혈을 시도하면서 시작됐어요. 우리나라에는 6·25 전쟁 때 수혈 의학이 들어왔지요. 그 후로 1970년대까지는 돈으로 혈액을 사고파는 '매혈'이 혈액을 구하는 일반적인 방법이었어요. 그

사슴을 이용하여 혈액의 순환에 대해 강의 중인 윌리엄 하비

래서 항상 대형 병원 근처에는 혈액을 팔기 위해 줄 서 있는 매혈자들이 있었지요.

1976년 정부는 대한혈액관리협회를 만들어 헌혈을 적극적으로 홍보하고 '헌혈자는 수혈이 필요할 경우에 자신이 헌혈한 만큼의 양을 찾아 쓸 수 있다'는 증거로 헌혈 증서를 주었습니다. 그 뒤로 매혈은 사라졌지요.

헌혈은 사회 공동체의 일원으로서 다른 사람을 돕기 위해 자신의 혈액을 기부하는 '착한' 행위예요. 그런데 이 착한 행위는 자발적으로 일어나기 힘들고, 필요한 혈액량에 비해 헌혈을 하는 사람들이 갈수록 줄어서 대한적십자사도 고민에 빠졌어요. 대한적십자사는 헌혈자를 늘리기 위해 1990년대부터 열쇠고리, 우산, 문화 상품권 등 다양한 기념품을 헌혈

헌혈 증서와 사은품

자에게 선물로 주기 시작했어요. 심지어 2006년에는 한 은행에서 헌혈자를 대상으로 대출 금리를 낮춰 주는 캠페인을 펼치기도 했지요.

그런데 헌혈 행위에 이러한 대가를 제공하는 것이 옳은 일인지 논란이 일어난 적이 있어요. 기념품이나 상품권을 주는 것은 일종의 '인센티브'이고, 이것은 혈액을 사고파는 행위와 다를 게 없다는 비판이 나온 거예요. 그럼 인센티브란 무엇일까요?

지각을 자주 하는 친구에게 '지각하지 마!'라고 이야기하는 건 강제나 명령이 될 수 있어요. 대신에 지각하는 사람에게 지각비를 걷으면 어떨까요? 지각비를 내는 것이 아까워 친구들이 일찍 일어나거나 집을 나서는 시간을 앞당기는 등의 노력을 할 수 있겠지요. 이렇게 강제나 명령하지 않고,

적절한 보상을 주거나 벌금을 매겨서 특정한 행동을 더 많이 하게 하거나 줄이도록 유도하는 방법을 경제적 인센티브(economic incentive)라고 불러요.

경제적 인센티브에는 긍정적인 경우와 부정적인 경우가 있어요. 기업이나 공공 기관에서 일을 열심히 해 성과를 낸 직원에게 성과급을 주거나, 뛰어난 연구 성과를 낸 학자에게 나라에서 보조금을 지급하는 건 긍정적인 인센티브라고 할 수 있습니다. 반대로 지각비를 걷거나 법을 어긴 사람에게 벌금을 물리는 건 부정적인 인센티브이지요.

인센티브가 힘을 발휘하는 건 인간이 합리적 존재이기 때문이에요. 모든 사람은 이기심을 가지고 있고, 자신의 이익과 손해에 대해 합리적으로 따져 행동하는 존재라는 의미예요. 경제학의 아버지 애덤 스미스가 처음으로 합리적인 인간을 전제로 자신의 이론을 펼쳤고, 그 뒤에 나온 경제학자들도 '인간은 자신의 이익을 추구하고 손해를 피하는 합리적 존재'라는 전제 조건을 밑바탕에 깔고 경제학 이론을 펼쳤어요.

경제적으로 이로운 행동을 하도록 부추기는 자극을 경제적 유인이라고 해요. 경제적 유인의 대표적인 예로 쓰레기 종량제를 꼽을 수 있어요. 쓰레기 종량제는 자신이 버리는 쓰레기의 양만큼 비용을 내는 제도예요. 덕분에 쓰레기를 많이 내놓으면 사람들이 자신에게 손해가 된다는 걸 알기 때문에 쓰레기를 줄이려고 노력하지요.

그렇지만 경제적 유인이 항상 좋은 힘을 발휘하는 건 아니에요. 이스라엘의 한 탁아소에서 있었던 일입니다. 부모들이 아이를 맡기고 정해진 시간에 데리러 오지 않아 직원들이 골머리를 앓았어요. 이를 해결하기 위해 늦게 오는 부모들에게 벌금을 내게 했지요. 그랬더니 오히려 대놓고 아이들을 늦게 데려가는 부모가 늘었어요. 이전에는 아이들을 늦게 데려가면 직원들에게 미안함을 느꼈지만, 벌금 제도가 생긴 이후에는 많은 부모가 마음의 부담을 덜고 '돈을 내면 된다'는 생각으로 아이들을 늦게 데려가는 선택을 했기 때문이에요.

헌혈의 경우에도 인센티브를 붙이면 헌혈을 늘리는 데 당장 좋을 것 같지만 문제가 있다고 지적하는 사람들이 있어요. 사람들은 헌혈을 하면서 경제적 이득과 상관없이 내가 옳은 일을 하고 있다고 스스로 생각하며 뿌듯해할 수 있어요. 그렇지만 물질적 보상이 더해지면 헌혈이 자기희생 같은 고귀한 일이나 칭찬받을 만한 일이 아니라 '돈 때문에 하는 일'로 느낄 수 있지요. 때로는 헌혈 행위에 대한 간섭으로 받아들여 자율적 선택을 침해하는 걸로 여길 수도 있습니다.

그러므로 헌혈처럼 사람들이 선한 의도를 가지고 한 행동에 인센티브를 붙일 때는 신중할 필요가 있어요. 인센티브가 클수록 좋다고 생각할 수 있지만, 오히려 지나치게 크면 매혈에 가까워질 수도 있으니까요. 반대로 인센티브가 너무 적으면 헌혈자가 줄어들 수 있지요.

세계보건기구가 정한 '헌혈과 수혈에 관한 윤리 강령'을 보면 '헌혈은 모든 상황에서 자발적이고 무상으로 이뤄져야 한다'는 규정이 있어요. 따라서 헌혈 제도는 이 자발성과 무상의 정신을 잊지 않는 선에서 올바른 방향으로 운영되어야 하겠습니다.

세계 헌혈자의 날인 오늘, 다른 사람의 건강과 생명을 지키고 따스함을 나누는 헌혈 운동에 함께하는 건 어떨까요?

경제를 위한 실천 행동

- 헌혈의 집이나 헌혈 버스를 찾아 헌혈하기
- 헌혈 후에 대한적십자사의 모바일 앱 '레드커넥트'를 통해 나의 건강 상태 확인하기

세계 마약 퇴치의 날

함께 알아 두면 좋은 날 : 4월 7일 세계 보건의 날,
10월 10일 세계 정신 건강의 날

- -

#마약 #중독 #아편전쟁 #한계효용체감의법칙 #지하경제

검은 경제와의 숨바꼭질을 멈추는 방법

붉은 빛깔을 지닌 양귀비라는 꽃이 있어요. 양귀비 중에서도
커다란 검은 반점이 있는 종류가 있는데요. 이렇게 생긴 양
귀비는 법적으로 아무나 키울 수 없어요. 허가 없이 재배하
거나 판매하면 5년 이하의 징역 또는 5천만 원 이하의 벌금
을 물 수 있지요.

꽃을 키우는 것뿐인데 왜 불법일까요? 이유는 이런 모양
의 양귀비가 마약의 재료로 쓰이기 때문이에요. 양귀비 열매
에 상처를 내면 즙이 나오는데, 이것이 '아편'이라는 마약의
재료로 쓰여요.

19세기 중국 청나라에는 아편에 중독된 사람들이 많았어

요. 청나라 황제부터 일반 백성들까지 약 400만 명의 아편 중독자들이 생겼지요. 아편을 피우는 아편굴이 곳곳에 생기고 아편을 사기 위해 집과 땅, 가족까지 파는 중국인들도 있었어요.

이 위험한 상황의 뒷면에는 영국 동인도 회사의 꿍꿍이가 있었습니다. 당시 영국에서는 청나라의 차가 매우 인기 있었는데요. 영국 사람들이 계속 차를 사는 바람에 영국의 막대한 돈이 청나라로 흘러들었지요. 영국의 돈이 청나라로 계속 빠져나가자 영국은 무역 불균형을 해결하기 위해 청나라에 아편을 수출했어요.

아편 중독자가 많아지면서 백성들의 건강과 재정 상태가 나빠지자, 청나라 정부는 특단의 조치를 취했어요. 항구 도시

양귀비꽃

양귀비 열매에서 나오는 즙

광저우에 들어온 아편 상자 2만 개를 바다에 던지거나 불태운 것이지요. 화가 난 영국 상인들이 이에 항의했으나 청나라는 이들을 모두 광저우에서 내쫓았어요.

청나라의 행위에 화가 난 영국은 전쟁을 일으켰어요. 이 전쟁이 바로 그 유명한 '아편 전쟁'입니다. 아편 전쟁은 더 강한 무기를 가진 영국이 청나라를 이기면서 막을 내렸어요. 이 전쟁의 결과는 청나라가 영국과 불평등한 조약을 맺는 계기가 됩니다. 바로 1842년 8월 29일에 맺은 '난징 조약'이에요. 이처럼 아편 전쟁은 중국 역사를 뒤흔들었던 결정적인 사건이자 마약 중독의 위험성을 보여 준 중요한 사건입니다.

보통 사람들은 똑같은 음식을 계속 먹거나 똑같은 노래를

철로 만든 영국 동인도 회사의 배가 청나라 배를 파괴하는 장면

반복해서 들으면 '물린다'는 감정을 느껴요. 싫증이 나는 것이지요. 뷔페에서 같은 음식을 수십 접시씩 먹는다고 상상해 보면 됩니다. 어느 순간 배가 부르고 음식에 물려서 숟가락을 놓게 되지요. 이러한 현상을 경제학에서는 '한계 효용 체감의 법칙'이라고 해요.

효용이란 사람들이 원하는 것을 만족시킬 수 있는 상품의 효능을 뜻해요. 우리는 상품을 소비할 때 순간적인 만족감을 느끼는데요. 이 순간적인 만족감을 '한계 효용'이라고 해요. 배고픈 상태에서 고기를 한 점 먹으면 그 만족도는 매우 큽니다. 하지만 고기를 2인분, 3인분 계속 먹으면 어떤 일이 벌어질까요? 그 순간적인 만족감은 차차 떨어져서 한계 효용이 줄어듭니다.

하지만 이 한계 효용 체감의 법칙에는 예외가 있어요. 바로 '중독'된 경우예요. 어떤 물질이나 행동에 중독되면 질린다거나 물린다는 감정조차 잊습니다. 더 자극적인 경험, 더 많은 상품의 소비를 원하지요. 게임이나 도박에 중독되면 긴 시간 동안 계속해도 만족하지 못하고, 더 자극적으로 오랜 시간 소비에 빠져듭니다. 마약도 마찬가지예요. 마약은 한번 손대면 몸과 마음이 망가져도 더 큰 자극을 계속 찾습니다. 결국 끊을 수 없는 중독에 더 깊이 빠져드는 것이지요.

우리나라에서도 가끔 마약을 한 사람들의 기사를 접할 때가 있어요. 누군가는 이들에게 동정의 눈길을 보내기도 해요. 스스로의 몸을 망가뜨릴지언정 다른 사람에게 피해를 주지는 않으니, 과도한 처벌이나 비난은 필요 없다는 논리를 펼치기도 하지요. 하지만 이 말은 잘못된 논리예요. 마약은 자신의 몸을 망가뜨린 다음, 다른 사람에게도 피해를 줄 수 있으니까요.

2020년 9월, 마약을 한 운전자가 도심 한복판에서 자동차 여러 대를 들이받고, 사람들을 다치게 한 사고가 있었어요. 마약 중독자가 대낮에 길에서 다른 사람을 아무 이유 없이 폭행한 사건도 있었지요. 이렇게 마약 중독은 다른 범죄로 이어져 사람들에게 피해를 주고 사회 전체를 위험에 빠뜨릴 수 있습니다.

마약의 폐해는 경제적 수치로도 나타나요. 국내의 한 연구에 따르면 마약류로 인한 사회적 손실은 눈에 드러난 것만 1,705억여 원입니다.[*](2016년 기준) 이 비용은 마약 사범을 치료하는 데 드는 비용뿐만 아니라 마약으로 인한 노동 및 생산성의 감소, 범죄 피해 처리 및 교정 비용 등을 모두 포함한 사회적 비용입니다.

● 박성수, 「국가정책연구」, 「국내외 마약 문제 분석을 통한 마약 피해지수 개발」, 2019

더구나 마약은 대부분의 국가에서 불법이므로 몰래 사고 파는 일이 벌어져요. 마약이 불법이라 구하기 어렵다고 해도, 마약 가격이 올라갔다 해도, 일단 마약에 중독되면 사람들은 비싼 값을 내더라도 더 많은 양의 마약을 찾는 특성이 있습니다. 마약을 유통시키는 밀수자들은 감시를 피해서 어둠의 경로로 다양한 판매 방법을 마련하고, 더욱 높은 가격에 마약을 판매하지요.

이 과정은 경제에 나쁜 영향을 미칩니다. 원래 정상적인 경제 행위는 상품을 만들고 사고파는 만큼 새로운 부를 만들고, 이것으로 돈을 벌면서 나라에 세금을 내는 방식으로 이루어집니다. 그렇지만 마약 거래나 도둑질, 도박 등은 국가의 규제나 세금 납부를 피해 이루어져요. 이렇게 한 나라의 다양한 경제 활동 중에서 공식적인 통계에 잡히지 않는 부분을 지하 경제라 불러요.

지하 경제에서는 경제

마약, 폭발물 등을 찾고 있는 공항 탐지견

활동이 이루어지고 있지만, 그 활동이 드러나지 않아서 정부 통계와 국내 총생산에 반영되지 않아요. 이 때문에 부정확한 데이터가 계산되어 정부가 제안하는 경제 정책의 완성도가 떨어지는 문제가 생깁니다. 이처럼 마약 사용은 단순히 투약자 개인만의 고통이나 피해로 끝나는 게 아니라 사회 전반에 손해를 입히고, 경제에도 나쁜 영향을 주는 것이에요.

6월 26일은 세계 마약 퇴치의 날입니다. 1987년 유엔 총회에서 마약으로 인한 피해를 줄이고, 마약 문제에 대한 경각심을 높여 건강한 국제 사회의 기초를 다지려는 목적으로 만들었어요. 우리나라에서도 법정 기념일로 제정해 기념행사를 열고 있습니다.

세계 마약 퇴치의 날을 맞아, 마약의 위험성과 예방법을 살펴보는 건 어떨까요? 또 평소에 잘 모르는 사람에게서 음식을 받아먹거나 위험한 약물을 멀리하는 등 마약 예방을 위한 지침을 알아보는 것도 좋겠습니다.

💡 경제를 위한 실천 행동

- 모르는 사람이 주는 음료, 마개가 열려 있는 음료 등은 먹지 않기
- 자기도 모르게 마약 운반책이 된 사람들의 사례를 찾아보고 경각심 갖기

함께 알아 두면 좋은 날 : 3월 셋째 주 수요일 상공의 날

#장인정신 #중소기업 #대기업 #낙수효과 #분수효과

중소기업은 나라 경제의 주춧돌

유럽의 알프스산맥 근처에는 긴 장화 모양으로 지중해를 향해 뻗어 있는 나라가 있습니다. 이탈리아입니다. 이탈리아는 유럽에서 독일 다음으로 제조업의 비중이 높은 나라예요. 옷이나 가방뿐만 아니라 전자 제품, 자동차, 우주 항공 등 다양한 제조업이 이탈리아의 경제를 떠받치고 있어요. 주요 상품을 주로 대기업에서 만드는 우리나라와는 달리, 이탈리아는 규모가 작은 기업들이 큰 힘을 발휘하고 있지요.

이탈리아에 치테리오(Citterio)라는 가구 회사가 있습니다. 고급스럽고 화려한 디자인의 가구로 세계 유명 인사들로부터 사랑받는 기업이지요. 이 가구 회사의 종업원은 2010년

123

대에 불과 12명이었습니다. 이탈리아 전체 제조업 중 종업원 수가 10명이 채 되지 않는 기업의 비율이 80% 이상이고, 종업원 수가 10~50명인 기업도 약 16%예요. 이렇게 작은 규모의 기업이 큰 힘을 가지게 된 이유는 뭘까요? 바로 한 가지 기술을 전문적으로 연구하여 그 일에 정통하려고 하는 마음가짐인 '장인 정신'에 있습니다. 최고의 물건을 만들려는 정신으로 최고의 제품을 생산하기 위해 노력하다 보니, 비록 규모가 작은 기업이지만 자연스럽게 경쟁력을 갖춘 것이지요. 이처럼 이탈리아는 치테리오처럼 작은 회사들이 모여 나라의 경제를 탄탄하게 받치고 있어요.

중소기업은 이탈리아뿐만 아니라 전 세계 대부분 국가의 경제 주춧돌이 되는 귀중한 존재예요. 사람들은 흔히 자동차나 반도체, 스마트폰 같은 상품을 모두 대기업에서 만들었다고 생각하기 쉬워요. 하지만 이런 상품들은 따지고 보면 중소기업에서 만든 재료를 납품받아 조립하여 큰 기업의 상표를 달고 시장에 나오는 경우가 많아요. 우리 몸의 여러 기관이 제 몫을 해야 힘차게 뛰고 활동할 수 있듯이, 중소기업이 각 분야에서 제 역할을 해내야 대기업이나 나라 경제 전체도 잘 굴러갈 수 있지요.

이렇게 보면 중소기업이 나라 경제의 뿌리와 같은 역할을 한다는 사실을 알 수 있어요. 중소벤처기업부에 따르면 우리나라 역시 2021년을 기준으로 중소기업의 숫자가 770만 개를 넘어 전체 기업체 중 99.9%를 차지합니다. 전체 기업에서 일하는 사람들 중 약 81%는 중소기업에 속해 있지요. 이처럼 중소기업은 일자리가 필요한 이들에게 조금 더 넓은 취업의 기회를 제공하는 곳이 되기도 합니다.

중소기업은 이토록 중요한 존재예요. 하지만 과거 우리나라에서는 상대적으로 중소기업이 경제 성장의 혜택을 제대로 누리지 못하는 경우가 많았어요. 6·25전쟁 이후 빠른 성장을 이루기 위해 정부가 대기업 위주의 성장 정책을 펼쳤기 때문이에요. 대기업에 혜택이나 지원금을 몰아주면 나라 경제가 성장할 수 있고, 작은 기업의 성장까지도 이끌 거라고 생각한 거예요.

이런 생각의 밑바탕에는 '낙수 효과'에 대한 믿음이 있습니다. 낙수(落水)는 '위에서 아래로 떨어지는 물'을 뜻하는 말이에요. 대기업이 성장하면 관련된 중소기업이 성장하고 서민 경제도 좋아진다는 이론이지요.

대기업 지원 정책은 예상대로 우리나라의 빠른 성장을 도왔어요. 그렇지만 대기업에 비해 중소기업의 사업 환경이 좋지 않아 여러 부작용이 생겼지요. 이 문제는 대기업과 중소기업 사이의 근무 환경 차이를 불러오기도 했어요. 나라에서 발표한 일자리 행정 통계에 따르면 2021년 중소기업 근로자의 평균 월급은 대기업 근로자의 평균 소득의 절반 정도에 불과해요. 주5일 근무제나 각종 휴가, 육아 휴직 제도 등 노동자를 위한 국가의 제도가 바뀌어도 그 혜택이 대기업이나 공기업, 공공 기관의 정규직 위주로 이루어지고 있어요.

대기업에 다니는 사람보다 중소기업에 다니는 사람이 훨씬 많은데도 불구하고 중소기업의 근무 여건이 대기업에 비해 좋지 않으니 안타까운 일입니다. 대기업과 중소기업의 임

금 격차가 크고, 사내 복지 등의 노동 조건도 차이가 있기 때문에 구직자들이 대기업을 선호하는 건 당연하겠지요. 최근 청년 실업 문제가 심각하다는 기사가 종종 보이지만, 중소기업은 일할 사람을 찾기 어려워 인력난에 시달린다는 기사도 찾아볼 수 있습니다.

이런 악순환을 끊으려면 낙수 효과가 아닌 '분수 효과'를 믿고 따르자는 의견도 있어요. 분수 효과는 대기업과 부자를 먼저 챙기는 것이 아니라, 중소기업이나 서민을 먼저 도와주고 이들을 잘살게 만들면 분수 물이 위로 솟구쳐 오르듯 자산이나 투자 효과가 아래에서 위로 솟아올라 경제 전체가 좋아진다는 이론이에요.

분수 효과를 믿는 이들은 대기업이나 재벌에 더 많은 세금을 걷어 중소기업을 돕자고 주장합니다. 세상의 흐름이 빠르게 바뀌는 4차 산업 혁명 시대에 중소기업의 사업 환경을 더 탄탄히 만들어야 한다는 의견도 있지요. 일반적으로 대기업은 덩치와 규모가 크고 의사 결정에 필요한 절차가 복잡하여 소비자들의 필요에 따라 빠르고 유연하게 대처하기 어려워요. 반면 중소기업은 빠르게 움직일 수 있다는 장점이 있지요.

중소기업의 발전을 위해 앞서 말한 이탈리아에서 힌트를

얻을 수도 있어요. 이탈리아는 비슷한 상품을 만드는 작은 기업들이 한 지역에 모여 협력하고 경쟁하며 커 나갑니다. 미국 실리콘 밸리에 세계적인 기업인 구글, 애플, 메타와 같은 대기업이 자리 잡은 것처럼 이탈리아에도 각 상품을 만드는 유명한 지역이 있어요. 섬유나 의류를 만드는 기업이 모인 지역, 기계나 금속을 만드는 기업이 모인 지역, 그 외에도 각 분야별로 200여 개의 생산 지역 안에서 기업끼리 경쟁하고 협력하고 있어요. '뭉치면 산다'는 말을 그대로 실현하는 셈이지요.

6월 27일은 유엔이 2017년에 제정한 중소기업의 날이에요. 경제의 주춧돌인 중소기업의 중요성을 기리기 위해 작은 기업에서 만든 상품을 이용해 보는 건 어떨까요? 대기업과 중소기업의 사업이나 근무 환경이 얼마나 다른지, 둘 사이의 격차를 줄이기 위해 어떤 노력을 기울여야 하는지 생각해 볼 필요도 있겠습니다.

 경제를 위한 실천 행동

- 각 분야의 대표적인 중소기업을 찾아보기
- 좋은 아이디어가 돋보이는 중소기업 상품을 찾아보기

함께 알아 두면 좋은 날 : 6월 23일 유엔 공공 서비스의 날,
9월 22일 세계 차 없는 날

#독점시장 #공기업 #공공서비스 #민영화

철도 서비스, 세상에 도움이 되는 독점

우리나라에서 온라인으로 기차표를 끊으려면 코레일 홈페이지나 앱에 접속해야 합니다. 기차역 매표소로 가면 코레일 직원들이 표를 끊어 주지요. 왜 전국 대다수의 역에서 기차표를 파는 기업이 코레일뿐인 걸까요? 다양한 기업이 철도 서비스를 운영할 수는 없을까요?

이 의문을 풀려면 철도 서비스의 특성을 살펴봐야 해요. 새로운 철도를 깔고 기차를 만들거나 사들여서 운영하려면 많은 자금과 기술, 인력이 필요해요. 웬만한 규모의 기업은 거대한 초기 사업 자금을 대기 쉽지 않지요. 그래서 한 회사가 독점하여 철도를 깔고 만드는 경우가 많아요. 이렇게 시장에 특정 상품이나 서비스를 공급하는 회사가 하나인 시장을 '독점 시장'이라고 합니다.

독점 시장에는 위험성이 있어요. 경쟁자가 없으니 독점 회사가 상품이나 서비스 가격을 마음대로 올릴 수 있기 때문이지요. 만약 스마트폰을 만드는 회사가 전 세계에 딱 하나뿐이라면 스마트폰 가격은 그 기업의 뜻에 따라 마음대로 정해질 가능성이 큽니다.

철도나 수도, 전기의 경우에는 우리 생활에 없어서는 안 되는 서비스입니다. 만약 이런 서비스를 대기업이 독점한다면 서민들은 먼 거리를 이동하거나 물과 전기를 쓰는 데 어려움을 겪을 수 있어요. 그래서 각 국가에서는 아예 공기업을 이용하여 이런 서비스를 독점으로 제공합니다. 공기업이란 국가나 지방 자치 단체에서 공공 서비스를 위해 경영하는 기업이에요. 공기업은 나라의 세금으로 운영되므로, 벌어들인 이윤으로 국민에게 안정적인 철도 서비스나 수도, 전기 등을 공급하는 데 힘쓸 수 있지요.

기차는 수많은 국가가 직접 나서 서비스를 제공할 만큼 중요한 이동 수단입니다. 서양에서는 19세기 초에 처음으로 증기 기관차가 발명되어 여러 방면으로 놀라운 변화가 일어났어요. 이전까지는 유럽에서도 마차가 다니기 힘든 길이 많아 자신이 태어난 고향에서 벗어나는 게 어려웠고, 물자의 이동이나 상업의 발달도 힘들었어요. 그러나 철도가 생기면서 철광석이나 석탄 등의 원료, 무거운 상품 등을 대규모로 옮길 수 있었지요.

철도는 사람들의 일상에도 변화를 가져왔어요. 중요한 도시는 교통의 중심지인 철도역을 중심으로 커 나갔지요. 전 세계 표준 시간도 철도의 등장 덕분에 생겼어요. 1800년대 후반만 해도 사람들은 시간의 기준을 '태양이 가장 높게 떠오른 시간'으로 잡았어요. 마을마다 미묘하게 해가 뜨는 시간이 달랐기에 사는 지역이나 동네마다 기준 시간이 다를 수밖에 없었지요. 곳곳에 열차가 다니면서 마을과 도시마다 다른 시간은 사람들에게 큰 불편함을 주었습니다.

각기 다른 시간대 때문에 기차를 기다리는 시민들의 불편이 계속되자 1876년에 현대와 같은 24시간 체계와 보편적인 시간대를 도입하자는 주장이 나오기 시작했어요. 그 후로 세계 표준 시간이 탄생했지요. 우리가 매일 활용하는 표준 시간에 옛날 기차가 영향을 미친 거예요.

6월 28일은 우리 삶에 커다란 영향을 끼친 철도의 중요성을 기리는 날이에요. 중요한 교통수단인 철도의 의의를 높이고, 종사원들의 고생을 위로하기 위하여 지정했지요. 원래 우리나라 철도의 날은 9월 18일로, 우리나라 최초의 철도인 경인선이 개통된 날이었어요. 경인선은 서울에서 인천까지 다니는 철도로, 노량진과 제물포 사이를 오갔지요. 경인선을 놓은 건 일제였기 때문에 이날을 기념일로 정한 데에 비판이 있었습니다. 그래서 2018년에 우리나라 철도국이 설립되었던 1894년 6월 28일을 기리는 것으로 바꿨어요.

19세기 후반에 일제는 조선에 철도를 만드는 데 매우 적극적이었어요. 여기에는 숨겨진 이유가 있었어요. 철도가 열린 제물포는 우리나라 최초로 수도권에 열린 항구였어요. 이곳으로 들여오는 해외의 수입품을 다른 지역으로 운반하고, 우리나라에서 나는 자원을 해외로 수출하려면 서울과 인천

서울과 인천 사이를 오가던 증기 기관차

사이에 철도가 깔려야 했어요. 그렇지만 조선은 자금도, 기술도 부족했지요. 이에 조선의 철도 부설권을 호시탐탐 노리던 일제는 조선의 철도 제작에 앞장섰어요.

경인선을 장악한 일제는 이를 계기로 조선에서 강력한 지위를 얻었고, 더 나아가 조선을 침탈했어요. 일제는 철도를 이용해 쌀과 금 등 우리나라의 자원을 가져갔지요. 일본군이 조선으로 들어와 만주까지 이동하는 데 철도를 사용하기도 했습니다.

실제 우리나라뿐만 아니라 전 세계에서 철도는 강대국이 다른 나라를 침략하여 식민지를 넓히고 자원을 수탈하는 데 쓰였어요. 인도의 민족 지도자 간디는 "철도가 없었다면 영국인들은 인도를 차지할 수 없었을 것"이라며 비판한 적도 있지요.

오랜 역사를 통해 철도가 한 나라의 정치와 경제에 큰 영향을 준다는 사실을 깨달았기에, 많은 나라는 철도의 운영을 국가에서 주체적으로 도맡아 운영해요. 그러나 최근에는 효율성을 이유로 철도를 운영하는 공기업을 민간 기업으로 바꾸는 경우도 있습니다. 공기업은 서비스를 안정적으로 제공하기 위해 만든 기업이지만, 몇 가지 취약점을 가지고 있기 때문이에요. 경쟁 상대가 없는 데다, 국민이 낸 세금으로 운영되므로 더 나은 서비스나 상품을 제공하지 않고 돈을 낭비하는 경우가 간혹 있거든요.

이렇게 효율성이 떨어지는 공기업을 민간이 운영하는 기업으로 바꾸는 것을 공기업의 '민영화'라고 해요. 영국, 일본 등은 철도를 민영화하여 일반 기업이 운영하는 기차 노선이 있지요.

민영화를 하면 느슨하고 방만한 경영을 없앨 수 있다는 의견이 있기도 해요. 민간 기업은 공기업에 비해 경쟁자가 많고, 운영을 효율적으로 할 수 있으니까요. 또 철도 적자를 세금으로 메울 필요가 없어 나라 재정에도 도움이 되지요.

하지만 민간 기업은 이윤 추구를 목적으로 운영하는 곳이기에 국민을 위해 저렴한 가격을 유지할 필요가 없어요. 이

철도 민영화를 반대하는 사람들의 시위 모습

때문에 가격 인상이 쉽게 이루어질 수 있지요. 또 수익이 나는 곳에는 투자를 하지만, 그렇지 않은 곳에는 신경을 쓰지 않을 수 있어요. 사람이 적은 곳이나 수익이 나지 않는 곳에는 상대적으로 철도나 전기가 덜 깔리거나 시설 보수, 유지에 신경을 덜 쓸 수도 있습니다. 또 철도나 전기처럼 경쟁사가 적은 독과점 분야는 경쟁도 필요 없으니 오히려 민영화가 되고 나서 서비스의 질이 떨어질 수도 있어요.

철도의 운영을 공기업에 그대로 맡겨야 할지, 아니면 민간 기업에 맡겨야 할지 우리나라 안에서도 논란이 있습니다. 현재는 코레일에서 철도를 운영하고 있지만 장단점이 있지요. 우리 주변의 철도 시설이 어떻게 운영되는지 코레일 홈페이지에 들어가 그 내용을 조사해 보는 건 어떨까요? 철도의 편리함을 누리는 만큼 그 중요성을 깨닫는 계기가 될 거예요.

💡 경제를 위한 실천 행동

- 전 세계 각국의 철도 운영 방법을 알아보기
- 코레일 홈페이지에 들어가 기업 소개를 보며 공기업의 특성을 알아보기

7 월 첫째 주 월요일

산업 안전 보건의 날

함께 알아 두면 좋은 날 : 4월 28일 세계 노동 안전과 건강을 위한 날

- -

#노동자 #산업재해 #비정규직노동자 #위험의외주화 #효율성
#안전 #산업안전보건법

누구도 일터에서 다치지 않을 권리

2022년 10월, 23세의 젊은 노동자가 안타까운 죽음을 맞이했어요. 제빵 회사의 공장에서 일하던 이 노동자는 재료를 섞는 기계에 빨려 들어가 목숨을 잃었어요. 조사 결과 기계에는 뚜껑도, 뚜껑을 열면 작동을 멈추는 기본적인 안전장치도 없었지요. 심지어 사고 즉시 기계를 멈춰 줄 동료도 주변에 없었습니다.

　새벽 근무 중이던 노동자가 최소한의 안전장치도 없는 근무 환경에서 사고를 당했다는 소식은 국민들에게 큰 충격과 상처를 남겼어요. 청년의 죽음도 안타까웠지만, 청년이 사고 당시 마주했던 근무 환경도 안타까웠어요. 알고 보니 이 공

장의 노동자들은 하루 12시간씩 2교대로 근무하여 노동자의 정신적·육체적 피로를 고려하지 않았다는 사실이 밝혀졌어요. 심지어 사고가 일어난 직후에도 회사에서 공장을 계속 가동했지요.

사고가 일어나고 며칠 뒤, 이 회사의 대표는 대국민 사과문을 발표했어요. 안전한 근로 현장을 만들겠다는 약속이었지요. 하지만 이 사과문을 발표한 지 이틀 만에 같은 회사의 다른 노동자가 기계에 끼어 손가락이 잘리는 사고가 일어나 국민들의 분노를 샀습니다.

열악한 근무 환경에서 노동자가 사망하는 일은 이미 여러 번 있었습니다. 2016년에는 구의역에서 스크린 도어를 고치던 청년이 열차와 스크린 도어 사이에 끼어 사망했어요. 열차가 오면 인명 피해가 일어날 수 있으므로, 선로 작업은 최소한 두 사람이 한 조가 되어 일하는 게 원칙이에요. 작업하는 사람 외에도 열차가 들어오는지 살피는 사람이 필요하니까요. 이러한 기본 원칙이 지켜지지 않아 사고가 일어난 것입니다.

이렇게 노동의 과정에서 물리적인 원인이나 화학 물질, 먼지, 병원체, 신체에 부담을 주는 업무 때문에 사고를 당하거나 질병이 생기는 경우를 산업 재해라고 해요. 우리나라 산

업 재해 조사 자료에 따르면, 2023년 한 해 동안 사고로 사망한 노동자는 약 800명이고, 질병으로 사망한 노동자는 약 1,200명입니다. 하루 평균 5.5명의 노동자가 산업 재해로 사망한 셈이에요. 이 수치는 적지 않습니다. OECD 국가 중 산업 재해로 사망한 근로자의 비율이 2005년 이후로 꾸준히 3위권 안에 드는 수치입니다.

더욱 안타까운 사실은 산업 재해로 사망한 사고 중 추락이나 끼임 사고의 비율이 각각 35.2%, 10.8%였다는 점이에요. 추락과 끼임 사고 모두 기본적인 안전 수칙을 지킨다면 충분히 예방 가능한 일이기에 더 안타까운 마음이 듭니다.

앞서 제빵 회사의 공장에서 일어난 사고는 기계에 안전장치나 뚜껑이 없었고, 구의역에서 일어난 사고는 둘이서 함께 움직여야 했지만 홀로 빨리 작업을 시작해야만 했습니다. 수리가 접수되면 '1시간 이내에 도착'해야 한다는 규정에 맞춰야 했기 때문에 안전을 포기한 것이지요.

이러한 비극적인 사고 소식이 끊이지 않는 이유는 무엇일까요? 자본주의 사회에서 자본가는 더 많은 이윤을 얻기 위해 노동자를 고용해 생산을 하는 반면, 노동력을 써서 생계를 유지해야 하는 노동자는 자신의 신체를 걸어야 합니다. 짧은 시간에 더 많은 일을 하면 효율성이 높아진다고 볼 수 있겠지요.

최근에는 위험한 업무가 법과 제도의 바깥에 있는 비정규직 노동자에게 더 쏠리는 일도 벌어지고 있어요. 건설 현장이나 배를 만드는 조선소는 대기업이 소유하고 운영하지만, 실제 이런 곳에서 업무를 수행하는 것은 대기업과 계약을 맺은 작은 규모의 기업들이 담당하는 경우가 많습니다. 업무 수행을 할 때 위험한 작업들은 작은 기업의 비정규직 노동자들이 하는 경우가 많아졌지요.

그런데 인건비를 아끼기 위해 안전사고나 중대 재해를 예방하고 책임을 져야 할 의무까지도 대기업이 맡지 않고 작은 기업들에게 떠넘기는 경우가 많아요. 이렇게 위험하거나 건강에 해를 끼칠 수 있는 업무가 법과 제도의 바깥에 있는 비정규직 노동자, 작은 규모에 소속된 노동자에게 집중되는 현상을 '위험의 외주화'라고 해요.

조사에 따르면 하청업체 소속의 노동자는 대기업 소속의 노동자보다 작업 중 최대 약 9배 더 많은 사고와 중독 위험에 노출된다고 해요. 특히 회사는 인건비를 아끼기 위해 저임금의 사회 초년생을 고용하는 경우가 많아 젊은 층이 산업 재해 사고를 당하는 일이 늘고 있어요. 숙련된 기술을 쌓을 틈도 없이 초보적 기술만 익힌 채로 위험한 환경에 노출되었다 사고를 당하는 거예요.

비정규직의 경우 고용 자체가 불안정하기 때문에 위험한 작업을 지시받더라도 그러한 지시를 따를 수밖에 없는 경우도 있습니다. 이 경우 법의 보호를 받기 어려워 위험한 상황에 방치되거나, 산업 재해가 발생하더라도 개인의 실수로 돌리는 경우가 많지요. 최대한 빠르게, 효율적으로 움직여야 한다는 원칙이 안전을 잊게 하여 산업 재해를 일으키는 주요 원인이 되기도 합니다.

기업은 이윤을 위해 움직이고, 이 이윤 창출의 효율성을 위해 노력합니다. 경제학에서 말하는 효율성이란 가장 적은 자원을 들여서 최대한의 효과를 보는 성질을 말해요. 세상의 쓸모 있는 자원은 한정되어 있어요. 돈, 시간, 석유나 기계, 철광석 등은 모두 한정적이기 때문에 생산한 목표를 더 짧은 시간에 적은 자원을 들여 달성하려고 합니다. 그러면 절약한 만큼의 자원을 다른 곳에 쓸 수 있어 이득이라고 생각하니까요. 공장에서 기계를 가지고 빵을 만들거나, 지하철 선로 작업을 할 때 최소한의 인력으로 빨리 생산하면 효율성이 높다고 생각하는 것이지요.

그렇지만 경제학에는 또 다른 중요한 법칙이 있어요. '모든 선택에는 대가가 있다'는 법칙이에요. 한 가지를 선택하면 다른 무언가를 포기해야 하는데, 경제학에서는 이걸 '기회비용'이라고 해요. 만약 공장 주인이 이윤을 늘리기 위해 노동자를 보호할 안전장치를 제대로 마련하지 않고 '빨리빨리'를 외친다면, 그만큼 '근로자의 건강'을 비용으로 치르는 셈이지요. 그리고 근로자의 건강과 안전을 지켜야 한다는 법과 제도가 제대로 마련되지 않으면 기업은 이윤을 늘리기 위해 위험한 환경을 그대로 방치할 가능성이 높습니다.

오늘은 산업 안전 보건의 날입니다. 우리나라에서는 노동자가 일하다가 다치거나 사망했을 때 이에 대해 보상하는 '산업재해보상보험법'이라는 것이 1963년에 만들어졌어요.

1981년에는 사고나 질병이 생기기 전에 안전을 위해 만든 '산업안전보건법'이 근로기준법에서 독립했지요.

안전한 환경을 만들려면 근로자도 법이나 제도로 지켜지는 안전한 근로 환경과 조건이 무엇인지 알아야 해요. 노농자의 가장 기본적이고 핵심적인 권리가 생명과 안전 보장이니까요.

 경제를 위한 실천 행동

- 산업 재해 사례와 그 보상 과정을 알아보기
- 산업안전보건법의 내용을 알아보기

함께 알아 두면 좋은 날 : 7월 1일 사회적 기업의 날

- -

#썬키스트 #제스프리 #협동조합 #비영리 #FC바르셀로나

협동조합이 세상을 바꾸는 방법

미국 캘리포니아는 일 년 내내 기후가 온화하고 일교차가 큰 것으로 유명한 지역이에요. 화산 지대라서 땅에 영양이 풍부하고 물 빠짐이 좋아 식물이 자라기에 좋은 조건이지요. 덕분에 이 지역에는 과일로 가장 유명한 브랜드가 있어요. 바로 썬키스트입니다.

썬키스트는 '태양(sun)'과 '키스(kiss)'의 의미를 조합한 말로, 캘리포니아의 강렬한 태양을 받고 자랐다는 뜻에서 붙여진 이름이에요.

그런데 썬키스트는 알고 보면 기업이 아니에요. 캘리포니아와 애리조나 전역에 있는 오렌지 재배 농장들이 모여 만든

협동조합이지요. 이 협동조합은 영리를 추구하지 않아요. 무려 120년간 이어진 이 조합은 대부분 가족 경영을 하고, 전통적인 재배 기법을 이어 가며 친환경 자원을 사용해 오렌지를 기르는 것을 기본 목표로 삼고 있어요. 썬키스트는 지금도 회원 6,000여 명으로 이루어진 비영리 단체로, 사업을 통해 나온 이익은 모두 재배자에게 돌아간다는 특징이 있어요.

썬키스트가 비영리 협동조합을 이룬 데에는 사연이 있어요. 원래 옛날부터 캘리포니아는 유명한 오렌지 생산지였지만, 1891년 도매상의 횡포로 감귤류 재배자들이 판매 대금

썬키스트의 오렌지 광고(1924년)

을 제대로 받지 못해 손해를 입었어요. 이에 따라 1893년에 재배자들이 전국의 판매, 유통을 직접 관리하는 '남부 캘리포니아 과일 거래소'를 만들었는데, 이것이 조합의 시작이었습니다. 조합은 1900년 초기에 최초로 과일 광고도 하면서 오렌지의 판매량을 50% 이상 늘렸어요.

그 결과 세계 최초로 과일에 브랜드 이름을 붙이면서 전 세계적으로 유명해졌어요. 당시로서는 놀라운 일이었지요.

썬키스트만큼 유명한 브랜드인 제스프리 역시 유명한 키위 협동조합입니다. 키위는 원래 중국이 원산지이지만, 현재는 전 세계 키위의 80% 이상을 뉴질랜드가 키우고 있어요. 화산재로 이루어진 석회질이 뉴질랜드의 토양을 비옥하게 만들어서 작물이 잘 자라기 때문이에요.

그렇지만 뉴질랜드의 키위 생산에도 위기가 온 적이 있었어요. 1970년부터 키위 농장끼리 치열한 경쟁이 시작됐는데 서로 더 낮은 가격으로 키위를 팔기 위해 애썼어요. 그러자 키위의 가격이 내려가고 농가가 줄줄이 파산했지요. 위기를 느낀 키위 농장주들은 키위 농업을 유지하기 위해 농가 소득을 줄이고 협동조합을 만들었답니다.

조합은 지역이나 마을을 단위로 운영되는 경제 공동체를 말해요. 조합원이 자체적으로 자본을 마련해 자신들이 필요로 하는 사업 활동을 벌이지요. 한 사람이나 기업이 소유하지 않고, 공동으로 소유하며 민주적으로 운영되는 사업체를 가지고 있습니다. 모두가 함께 사회·문화적 필요와 욕구를 만족시키려는 사람들이 자발적으로 만든 단체이지요. 놀랍게도 스페인의 유명한 프로 축구 구단인 FC바르셀로나 역시

17만 명이 넘는 회원들이 모여 만든 협동조합이에요.

이렇게 영리를 추구하지 않으면서도 성공한 협동조합을 보면 애덤 스미스가 말했던 '경제학의 원리'에 대해 되짚어 보게 돼요. 애덤 스미스에 따르면 모든 사람은 자신의 이익을 추구합니다. 빵집 주인은 빵을 더 많이 만들어 팔고, 정육점 주인은 고기를 더 많이 팔아 이윤을 남깁니다. 그리고 이렇게 모든 사람이 자신의 이익을 얻으려고 노력한 결과, 나라 전체의 생산이 활발해져요. 시장에서의 거래가 활발히 이루어지면서 생산, 소비, 분배의 순환을 통해 국가가 자연스럽게 부를 쌓고, 공공의 이익도 자연스럽게 실현됩니다.

그래서 경제학자들이 경제학 이론을 펼칠 때 가장 기본적으로 내세우는 조건 중 하나가 호모 에코노미쿠스(Homo economicus)예요. 호모 에코노미쿠스는 자신의 이익을 합리적으로 추구하는 존재를 뜻합니다. 인간의 본성을 합리성과 이기심으로 축약하는 거예요. 즉, 사람의 이기심은 우리를 풍요롭게 만든다는 가정이지요.

그의 의견대로 개인의 이기심이 공공을 풍요롭게 만든다면 산업 혁명 이후 인류가 풍요를 맞이하고 그 경제 성장으로 빈곤은 지구상에서 사라졌을 거예요. 그러나 산업 혁명 이후 인류가 풍요로워진 건 맞지만 오히려 빈부 격차가 심해졌고, 자연이 훼손되었으며, 환경이 크게 오염됐지요. 따라서 전통 경제학의 이러한 가정과 전제가 늘 옳다고 볼 수는 없어요.

인간은 경제학에서 설명하는 것처럼 정말로 이기적인 존재일까요? 독일의 현대 경제학자 베르너 퀴스는 사람들이 과연 이기적인 존재인지 알아보기 위해 1982년 '최후통첩 게임'이라는 실험을 했어요.

최후통첩 게임에는 두 명의 참여자가 등장해서 돈을 배분합니다. 한 사람(A)은 제안자 역할로 돈을 어떻게 분배할지 제안하고, 다른 쪽(B)은 이것을 받아들일지 말지 결정하는 역할을 해요. B가 A의 제안을 받아들이면 두 사람은 제안대로 돈을 나눠 갖지만, B가 거절하면 두 사람 모두 한 푼도 받지 못합니다.

두 사람에게 10,000원을 주고 이 실험을 여러 차례 진행하여 평균을 냈더니, 대체로 A가 4,000~5,000원 정도의 금액을 B에게 제안했어요. B는 이것을 받아들여 각자 나눠 가졌지요. 그런데 A가 2,000원 이하의 금액을 제안하면 B는 거절하고 한 푼도 받지 않는 쪽을 선택했어요. 사실 B 입장에서는 한 푼도 받지 못하는 것보다 2,000원이라도 받아들이는 것이 이익이지요. 하지만 '불공평하다'는 이유로 이를 거절한 겁니다. 제안하는 A의 입장에서도 자기가 돈을 훨씬 더 많이 갖겠다고 욕심을 부리기보다 5 대 5 또는 6 대 4 정도로 돈을 적당히 나누자고 제안하는 모습을 보였어요. 즉, 경제 활동에 참가하는 사람 대부분은 이기적으로 자신의 이익만 생각하지 않고 상대방의 이익이나 공정성, 자신의 명예 등을 중요한 행동 기준으로 삼는다는 의미예요.

우리의 행동을 둘러봐도 사회적 이익을 위해 나의 손해를 감수하고 협력하는 사람들이 있어요. 자연재해가 닥쳤을 때 자원봉사에 참여하거나 지하철에서 자리를 양보하는 것 등을 보아도 사람들은 단순히 이기적이고 합리적인 존재가 아니라 다른 사람을 먼저 생각하는 이타적인 존재라는 사실을 알 수 있지요.

협동조합 역시 쉽지 않지만 '모두에게 좋은 방향'을 찾기 위해 노력하고 있어요. 애덤 스미스는 개인의 이기심을 추구하는 가운데 공공의 이익이 자연스럽게 추구된다고 했지만, 사실 자본주의로 세상이 풍요로워졌음에도 불구하고 빈부 격차나 실업, 낮은 임금 등의 문제가 해결되지 않았지요. 이렇게 어려운 상황을 헤쳐 나가기 위해 경제적, 사회적으로 어려운 사람들이 뜻을 모아 이익을 추구하는 것이 바로 협동조합의 힘이에요.

개인의 이익이나 생각이 다른 만큼 협동조합 또한 위기를 맞을 수 있어요. 앞서 이야기한 썬키스트 역시 조합원 사이의 마찰로 큰 어려움을 겪었습니다. 이러한 갈등을 해결하기 위해 썬키스트는 독립된 의사 결정 기구를 만들고, 정기적으로 회원들에게 사업 내용을 보고하여 승인을 받고 있어요.

7월 첫째 주 토요일은 국제 협동조합의 날입니다. 우리나라에서도 1957년 농업협동조합법이 만들어졌고, 2012년 12월부터 협동조합 기본법이 시행되면서 본격적인 협동조합 시대가 열렸어요. 아이쿱, 신협, 한살림 같은 곳들도 협동조합에 속합니다. 나만의 필요와 욕구를 위해 달려가는 것이 아니라 경제적 문제를 구성원 간의 연대와 협력해서 민주적으로 해결한다는 점에서 협동조합은 새로운 실험을 하고 있는 셈이에요. 인간은 모두 이기적인 존재라는 호모 에코노미쿠스를 뛰어넘는 실험을 말이지요.

💡 경제를 위한 실천 행동

● 우리 주변에 어떤 협동조합이 있는지 조사하기
● 협동조합에서 물건 구매하기

7 월 11 일

세계 인구의 날

함께 알아 두면 좋은 날 : 4월 7일 보건의 날

#인구증가 #저출산 #인구문제 #찰스디킨스 #크리스마스캐럴

인구의 증가를 재앙이라고 예언한 사나이

찰스 디킨스의 소설 《크리스마스 캐럴》을 알고 있나요? 구두
쇠로 유명한 스크루지 영감이 주인공으로 등장하는 소설이
지요. 소설 초반에 자선 단체에서 온 사람들이 스크루지에게
후원을 부탁하는 장면이 나와요. 당시 가난한 사람들이 가는
구빈원이라는 곳에서 사람들이 굶어 죽기도 한다는 얘기를
듣자, 스크루지는 '가뜩이나 인구도 많은데 잉여 인구도 줄
고 좋겠다'고 얘기하지요.

　냉정하게 느껴지는 이 대사는 실제로 한 경제학자의 입에
서 나온 말입니다. 영국의 경제학자 토머스 로버트 맬서스
가 한 말을 디킨스가 소설 속에 그대로 넣은 것이지요. 맬서

소설 《크리스마스 캐럴》 속 스크루지(좌)와 유령(우)

스는 1798년 인구론이라는 학설을 발표했어요. 그는 인구가 폭발적으로 늘어나면 이들을 먹여 살릴 식량이 부족해 인류는 생존의 위협에 놓일 것이라고 주장했어요. 당시는 18세기 영국에서 시작된 산업 혁명이 한창이던 때예요. 사회의 주요 산업이 농업에서 공업으로 바뀌고 공장제 기계 공업이 발달해 인류가 전에 없던 물질적 풍요를 맞던 시기였지요. 과학과 의료 기술의 발달로 인구 역시 증가하고 있었어요.

인구가 전에 없이 늘어나는 상황에서 맬서스는 이런 해결

방안을 제시했어요. 빈민
들을 자꾸 도와주면 가난
한 사람들이 그 덕분에 출
산을 많이 하기에 인구 문
제가 심각해지니, 빈민을
돕기 위한 지원액을 줄이
자는 얘기였지요. 출산율
이 줄어들면 인구 증가도
억제할 수 있고, 생존에 위

영국의 경제학자 로버트 맬서스

협이 되는 식량 부족 문제도 해결할 수 있다는 주장이었어
요. 맬서스의 이 냉혹한 이론에 반대하고 싶었던 디킨스가
그를 모델로 소설을 지었다는 사실이 매우 흥미롭지요. 한편
으로 맬서스의 이론을 통해 인구 문제가 식량 문제와 얼마나
관련되어 있는지 깨닫게 됩니다.

7월 11일은 세계 인구의 날입니다. 1989년 유엔개발계획
(UNDP, United Nations Development Program)이 매년 7월 11일을 세
계 인구의 날로 제정하면서 시작되었지요. 1987년 7월 11일
에 전 세계 인구가 50억 명을 돌파했고, 이날이 '50억의 날'
로 불리게 되었어요. 세계 인구의 날은 지구촌 전체와 관련
이 있어요. 이날은 인구가 늘어나면서 자원이 고갈되고, 식량

이 부족해지고, 환경이 오염되는 등 인구 증가에 따른 각종 문제에 대해 경각심을 가지기 위해 제정된 날이지요. 우리나라에서도 2011년 8월 4일 '저출산·고령사회기본법'을 바꾼 이후, 지금까지 쭉 세계 인구의 날을 기념하고 있어요.

산업 혁명 이후 인구는 예상보다 더 가파르게 증가했어요. 1800년대 초반 10억 명이던 세계 인구가 20억 명으로 늘어나는 데는 120년 이상 걸렸지요. 그렇지만 그 속도는 점차 빨라졌어요. 1974년 40억 명에서 48년 만에 두 배로 늘었고, 2010년 70억 명에서 12년 만에 10억 명이 더 늘어났지요. 1970년대 이후로는 약 12년마다 10억 명씩 늘어났으니, 그 속도가 얼마나 빠른지 알 수 있어요. 20세기 들어 과학과 의료 기술이 크게 발전하면서 가능해진 일이었지요.

그렇지만 인구의 폭발을 긍정적인 눈으로만 보기는 어려워요. 지구의 자원은 한정되어 있으므로 환경 문제가 더 심해질 수 있지요. 800만 종이 넘는 생명체가 살아가는 이 세계에서 80억 명이 차지하는 비중은 매우 큽니다. 이스라엘의 와이즈만과학연구소가 조사한 바에 따르면, 한 해 700억 마리가 넘는 가축이 인간의 식량으로 사라진다고 해요. 80억의 인구는 경제 활동을 통해 1년에 90조 달러가 넘는 부가 가치를 만들고 있어요. 부가 가치는 물건이나 서비스의 생산 과정에서 새로 덧붙인 가치를 뜻하지요. 그렇지만 이렇게 엄청난 경제 활동과 성장을 떠받치기 위해 1년에 수백억 톤의 온실가스가 대기 중으로 배출돼요. 그리고 이 온실가스로 지구 온난화가 이루어지면 지구의 열 균형이 깨지면서 이상 기후가 나타납니다. 여름철 폭염이 심해지거나 갑작스러운 폭우가 내리거나 건조 기후로 사막이 늘어나면서 농사짓기 어려운 환경이 만들어지고 있어요. 이 때문에 전 세계에서 식량 부족이 나타날 수 있습니다.

특히 '곡식의 왕'이라 불리는 밀은 인간이 매일 소비하는 칼로리의 약 20%를 담당하여 매일 89개국 약 25억 명이 밀을 먹으며 살아가요. 그렇지만 최근 지구 온난화로 인한 폭염, 가뭄, 산불로 인해 생산하는 데 어려움을 겪고 있어요. 학

급격한 기후 변화로 인해 가뭄, 홍수, 폭염 등 다양한 피해가 발생하고 있다.

자들은 2050년이 되면 지구 인구가 90억에 달할 것으로 전망하고 있어요. 그러면 인구를 먹여 살릴 식량이 부족해질 가능성이 높아요.

단순히 세계 인구의 증가가 문제 되는 것이 아니라, 인구 성장이 고르게 이루어지지 않고 나라나 대륙별로 각기 다르게 이루어진다는 점에서 어려움이 생기기도 해요. 1980년대 이후 인구가 빠르게 늘고 있는 곳은 사하라 사막 이남의 아프리카예요. 2050년까지 세계 인구 증가 추정치의 절반 이상이 아프리카에 있는 콩고민주공화국, 에티오피아, 나이지리아, 탄자니아, 이집트와 아시아에 있는 인도, 파키스탄, 필리핀에 집중될 거라는 예측도 있어요.

한 예로 이집트의 인구는 약 70년 만에 5배가 늘어 1억 1,400만 명에 이르렀어요. 이에 이집트 정부는 인구 증가를 심각한 안보 위협으로 보고, 수백만 달러를 들여 산아 제한 정책을 추진 중이에요. 소득이 낮은 국가에서 출산율이 높으면 이 인구를 먹여 살릴 식량이나 자본이 부족하기 때문에 문제가 될 수 있기 때문이지요.

인구 증가를 걱정하는 나라와 달리 우리나라는 정반대의 인구 문제를 마주하고 있어요. 합계 출산율이란 가임기 여성 한 명이 평생 낳는 아이 수를 뜻해요. 생산과 소비를 할 인구가 뒷받침되어야 인구가 유지되기 때문에 출산율은 경제 발전과 세트로 여겨지는 개념이기도 해요. 우리나라는 2023년 합계 출산율이 0.72명으로 전 세계 꼴찌 수준의 저출산 국가예요. 합계 출산율이 한 명도 채 되지 않는 않는 데다 그 숫자마저 줄어드는 나라는 많지 않아요.

저출산이 계속되면 어떤 문제가 생길까요? 생산 가능 인구가 줄어들어 생산도 소비도 제대로 이루어지기 힘들고 세금을 낼 수 있는 사람도 줄어드니 경제 성장은 제대로 이루어지기 힘들어요. 학생이 줄면 대학도 줄어들고, 많은 소아청소년과와 산부인과도 문을 닫겠지요. 각종 서비스업에도 피해가 갑니다. 지금의 흐름이 계속되면 대한민국은 약 2750년에 지구촌에서 완전히 사라진다는 이야기도 있어요.

우리나라의 저출산 문제가 왜 나타났는지에 대한 의견은 분분하지만 대체로 자녀 양육에 들어가는 비용이나 정서적 부담이 크다는 점, 아직도 가족 내에서 양육이나 살림에 성 불평등이 존재한다는 점, 한국 사회에 작용하는 경쟁 심리 때문에 미래 세대가 행복할 거라는 기대감이 낮다는 점 등 다양한 원인을 꼽을 수 있어요. 아이를 낳는 가정에 돈을 주어 경제적으로 도움을 주는 것도 좋지만, 다양한 삶의 모습을 인정하고 부모의 근로 시간을 줄여 가정에 쏟을 시간을 마련해 주어야 한다는 의견이 나오고 있습니다.

세계 인구의 날에는 우리나라와 각 나라에 나타나는 인구 문제가 무엇인지 알아보고, 어떤 대책을 마련하면 좋을지 생각해 보는 건 어떨까요? 우리나라 저출산 문제와 대책을 알리는 게시물을 SNS에 올려 보는 것도 뜻깊은 일일 거예요.

 경제를 위한 실천 행동

- 국내와 해외의 인구 문제는 어떤 점이 다른지 조사하기
- 우리나라 저출산 문제에 대한 카드 뉴스를 만들어 SNS에 게시하기

가을

미리 생각해 보기

① 인공 지능이 만든 글이나 그림도 예술 작품으로 인정해
   그 재산권을 지켜 줘야 할까?
   ▶ 9월 4일 지식 재산의 날

② 경제 성장이 먼저일까, 공평한 분배가 먼저일까?
   ▶ 9월 7일 사회 복지의 날

③ 전 세계 식량이 불평등하게 나뉘는 문제를 해결할 수
   있을까?
   ▶ 10월 16일 세계 식량의 날

9~11월

9/1	**9/1**	**9/4**	**9/6**
여권통문의 날	통계의 날	지식 재산의 날	자원 순환의 날
9/7	**9월 셋째 주 토요일**	**9/27**	
사회 복지의 날	청년의 날	세계 관광의 날	
9/30	**10월 첫째 주 월요일**	**10/2**	**10/16**
개인 정보 보호의 날	세계 주거의 날	노인의 날	세계 식량의 날
10월 셋째 주 토요일	**10월 마지막 화요일**		**10/31**
문화의 날	금융의 날		회계의 날
11/5	**11/11**		**11월 마지막 주 금요일**
소상공인의 날	농업인의 날		아무것도 사지 않는 날

함께 알아 두면 좋은 날 : 3월 8일 여성의 날

- -

#여권통문 #여성인권 #황성신문 #빵과장미 #경력단절여성
#유리천장지수

여성의 권리, 세상 밖으로

1898년 9월 8일, 당시 우리나라의 신문 중 하나였던 〈황성신문〉은 '놀랍고 신기하다'며 글 하나를 실었습니다.

"(…) 슬프도다. 지난날을 생각하면 사나이가 힘으로 여성을 꼼짝 못 하게 하려고, 한갓 옛말을 빙자하여 '여자는 안에서 있어 바깥일을 말하지 말며, 오로지 술과 밥을 짓는 것이 마땅하다'고 하는지라 (…)"

바로 '여권통문'이라는 제목의 글로, 원래 제목은 '여학교 설시통문(여학교통문)'입니다. 여성도 교육받을 권리가 있고 독립된 사람으로 직업을 가져야 하고, 변화하는 시대에 여성들도 정치에 참여할 권리가 있으며, 그러기 위해 여학교를 세우겠다는 내용이 담겼어요. 21세기를 살고 있는 우리에게는 여성이 남성과 똑같이 교육받고 직업을 가져야 한다는 주장이 당연하게 느껴지지만, 당시에는 큰 화제가 될 만큼 놀라운 내용이었지요.

조선 후기에는 유교 질서가 사회에 강하게 자리 잡아 여성의 사회적 지위가 매우 낮았어요. 여성들은 주로 집안일에 전념하며 사회 활동에 참여하지 못하는 것이 일반적이었지요. 직업 활동을 할 수 없었기에 경제적으로 독립하

〈황성신문〉에 실린 '여권통문' 전문

지 못했고, 사회 진출을 위한 교육도 받지 못했습니다. 조선 후기 여성이 지켜야 할 3가지 도덕규범인 '삼종지도'에서 '여성은 어려서는 아버지를 따르고, 시집가서는 남편을 따르고, 남편이 죽어서는 아들을 따라야 한다'는 도리를 강조했던 걸 보면 이런 사실을 짐작할 수 있지요.

'여권통문'은 이러한 문제를 해결하기 위해 서울 북촌 양

반 여성을 비롯하여 300여 명의 여성들이 힘을 모아 발표한 인권 선언문입니다. 이 여성들은 9월 1일에 '여권통문'을 선언했고 며칠 뒤에 그 내용을 〈황성신문〉, 〈독립신문〉 등에 게재했지요.

이 여성 인권 선언문은 나라를 떠들썩하게 했어요. 이를 계기로 같은 해 9월 12일 다양한 계층의 여성들의 호응을 받아 최초의 여성 운동 단체인 찬양회가 만들어졌어요. 찬양회는 기금을 걷어 1899년 2월 사립 여학교인 순성학교를 세웠어요. 당시 우리나라에는 선교사가 세운 여학교인 이화학당이 있었지만, 순성학교는 우리나라 여성들이 직접 세운 최초의 여학교였답니다.

이로부터 10년 뒤인 1908년 3월 8일 미국의 여성 노동자

우리나라 최초의 여학교 이화학당의 초기 학생들

들이 뉴욕의 루트커스 광장으로 몰려나와 여성들의 권리를 외치며 시위를 벌였어요. 1912년에는 매사추세츠주에서 여성 노동자들이 "우리에게 빵과 장미를 달라"며 더 큰 파업을 일으켰지요. 여기에서 빵은 남성과 비교해 낮은 임금을 받던 여성들의 생존권을, 장미는 노동조합을 결성할 수 있는 권리와 정치에 참여할 수 있는 권리를 의미합니다. 당시 서양에서도 여성들이 일한 만큼 충분한 임금을 받지 못하고, 선거에 참여하지 못했다는 사실을 짐작할 수 있습니다. 이날을 기념해 세계 여성의 날이 만들어지기도 했어요. 우리나라는 서양보다 10년 앞서 이미 여성의 인권 선언문이 발표된 셈이에요.

9월 1일 여권통문의 날은 역사적으로 큰 의미를 지닌 여

1912년 미국 매사추세츠주에서 열린 빵과 장미 파업 중 행진하는 노동자들

권통문의 정신을 기리기 위해 만들어진 법정 기념일이에요. 2019년 양성평등기본법 일부 개정안이 국회를 통과하면서 제정되었지요. 여권통문의 날이 포함된 9월 첫째 주를 양성 평등 주간으로 기리기도 합니다.

여권통문이 발표된 지 120년이 훌쩍 지난 지금, 여성은 남성과 평등하게 교육을 받고 경제 활동을 하고 있을까요? 2020년을 기준으로 우리나라 여성의 대학 진학률은 81.9% 로, 남성의 대학 진학률(76.8%)을 앞지른 상태예요. 120년 전 의 여성들과 다르게 현재의 여성들은 교육받을 권리를 누리 고 있다고 볼 수 있습니다. 그렇지만 우리나라 여성들의 노 동 환경에는 여전히 어려움이 많습니다.

영국의 〈이코노미스트〉라는 시사 잡지에서는 매년 20여

개 국가를 조사해 여성들의 일 하는 환경을 평가하여 '유리 천 장 지수'라는 것을 발표합니다. 유리 천장이란 주로 충분한 능 력을 갖춘 여성이 직장에서 성 차별을 받아 높은 직급을 맡지 못하는 보이지 않는 장벽을 나 타내는 경제 용어예요. 여성이

고등교육을 받는 비율, 노동에 참여하는 비율, 남녀의 임금 격차, 양육에 들어가는 비용, 출산과 육아 휴가를 누릴 권리, 관리직에 있는 여성 비율, 여성 국회의원의 비율 등 10가지 지표를 분석하지요.

그런데 우리나라는 2013년 이 조사가 시작된 이후로 10년 넘게 꼴찌를 차지하고 있어요. 한국의 여성과 남성 사이의 임금 차이가 31.1%로 큰 편이에요. 관리직에서 여성들은 14.6%, 기업의 임원 중 여성은 12.8%로 OECD 평균의 절반에도 미치지 못해요. 전업주부인 여성뿐 아니라 맞벌이인 경우에도, 여기에 더해 결혼을 해서 여성이 집안의 경제 활동을 도맡아 책임지는 경우에도 남성보다 더 오랫동안 집안일을 한다는 통계 결과가 있습니다.

특히 여성들이 결혼과 출산 뒤, 육아를 위해 일자리를 내려놓고 쉬는 경력 단절 문제가 심각해지고 있어요. 여성이 출산을 준비하거나 출산하는 과정에서 몸이 아프거나 부부가 아이를 양육할 때 아이가 갑자기 아픈 상황 등 돌발 상황이 생기는데 이에 대한 대책이 없는 경우가 많아 일을 관두는 여성들이 많아요.

2022년 통계청 자료에 따르면 경력 단절 여성은 4년간 계속 줄어들고 있어요. 맞벌이하는 가구도 점차 늘어나고 있지요. 그렇지만 통계 뒤에 숨은 진실도 있습니다. 물가가 높고 아이들의 양육에 들어가는 비용을 구하기 위해 경력 단절 여성이 재취업을 하는 건 사실이지만, 이렇게 다시 일자리를 구해 나가는 경우 경력이 끊겼기 때문에 이전 회사보다 낮은 연봉을 받거나 고용이 불안정한 일자리를 구하는 경우가 많아요. 이렇게 결혼, 출산과 함께 경력이 단절되기 때문에 결혼을 꺼리는 여성도 많습니다. 이런 악순환 때문에 우리나라 출산율이 낮아졌다는 분석도 있어요. 이에 따라 여성은 자신의 가능성을 제대로 펼치지 못하고, 여성들의 노동력이 사회적으로 낭비되어 연간 15조 원 정도의 손실이 발생한다는 연구 결과도 있지요.

많은 학자가 이런 문제를 해결하기 위해서는 육아를 위한 휴직이 보장되고, 아이를 돌볼 수 있는 환경을 만들어야 한다고 말해요. 우리나라는 선진국 중에서도 노동자의 근로 시간이 긴 나라이므로 방과 후 아이를 돌보기 어려운 환경이에요. 육아 휴직이 법적으로 제공되지만 대기업이나 공기업이 아닌 경우에는 실제로 쓰지 못하는 경우도 많아요. 이 문제를 해결하려면 아이를 기르는 아빠와 엄마의 육아 휴직을 고르게 보장해 주고, 근로 시간을 줄이며, 돌봄을 위한 환경을 만드는 것이 중요해요. 여성이 마음껏 일할 수 있는 환경이 조성되어야 여성들에게도, 더 나아가 남성들에게도 큰 도움이 된다고 볼 수 있습니다. 여성의 경제 활동이 가능해져야, 남성들이 생계유지를 짊어지며 생겼던 부담도 덜 수 있으니까요. 근로 시간이 줄어들면 남성들에게도 이득인 경우가 많습니다.

여권통문의 날인 오늘, 120년 전 여성들이 외쳤던 권리를 되새겨 보고, 우리 주변에 또 다른 남녀 불평등이 있는지 살펴보는 건 어떨까요? 여성의 자유와 평등을 보장하는 것이 우리 모두에게 이로운 길이 될 수 있으니까요.

 경제를 위한 실천 행동

- 유리 천장을 뚫고 두각을 드러낸 여성 인물을 찾아보기
- 성별에 상관없이 집안일과 돌봄의 일을 공평하게 나누는 방법 고민해 보기

함께 알아 두면 좋은 날 : 10월 20일 세계 통계의 날

#국내총생산 #경제대공황 #뱅크런 #경기 #호황 #불황 #실업률
#외환위기 #물가상승

통계로 경제의 온도를 측정하는 방법

미국의 상업과 무역을 관장하는 상무부에서 2000년에 펴낸
잡지에 〈20세기의 위대한 발명 중 하나〉라는 제목의 글이
실렸어요. 잡지에 실린 '위대한 발명'은 뜻밖에도 컴퓨터나
스마트폰처럼 세상을 바꾼 물건이 아닌 국내 총생산이라는
통계 지표였어요.

국내 총생산은 한 나라가 1년 동안 생산한 양이 얼마나 큰
지 파악하는 데 가장 많이 사용되는 지표예요. 일정 기간 동
안 한 나라 안에서 생산된 모든 최종 생산물, 그러니까 연필
이나 학원 서비스, 자동차 등의 시장 가치를 모두 합한 통계
를 일컫지요. 오늘날 전 세계 대부분의 나라들은 국내 총생

산을 바탕으로 경제 상황을 분석하고 매년 국가의 생산 능력
이 얼마나 성장했는지 측정해요.

국내 총생산의 탄생 배경에는 세계적인 경기 불황이 있
어요. 경제 대공황의 시작이 된 날이 목요일이라 '검은 목요
일'이라고도 부르지요. 1929년, 당시 세계의 공장이라 불리
며 경제적으로 승승장구했던 미국에서 주식 가격이 10분의
1 수준으로 크게 떨어져 주식이 휴지 조각처럼 가치가 줄어
들었던 날이에요. 주식 시장에 뒤이어 은행의 파산 소식까지
들리자, 사람들이 은행에 달려가 돈을 빼내는 '뱅크 런(bank
run)' 현상이 벌어지기도 했어요.

주식 시장에서 어두운 소식이 들리자 불안해진 사람들은

대공황 초기 뱅크 런을 하려고 은행 앞에 모인 사람들

소비와 투자를 줄였어요. 기업이 만든 물건이 팔리지 않았고 재고가 쌓이기 시작했어요. 그 상황에서 경제가 더 나빠질 거라고 생각한 사람들은 소비를 줄였습니다. 사람들이 물건을 사지 않자 튼튼했던 기업들이 휘청거리기 시작하여 생산을 줄였고, 고용했던 직원들마저 해고했지요. 1933년에는 미국에서 노동이 가능한 인구 중 4분의 1 이상이 일자리를 잃어 실업자가 되었어요. 생계를 유지하지 못하고 배고픔에 굶주리며 정처 없이 떠돌아다니는 사람도 늘었지요.

결국 이 악순환을 해결하기 위해 미국 정부가 나섰어요. 당시 미국의 32대 대통령이었던 프랭클린 델러노 루스벨트는 맨 먼저 경제 상황을 조사하려 했어요. 하지만 곧 난감한 상황에 빠졌습니다. 길거리에 가득한 실업자나 재고가 그득한 기업의 상황을 보았을 때, 나라 경제가 나쁜 것은 확실했어요. 하지만 루스벨트 대통령과 미국 정부가 얻을 수 있는 정보가 적은 게 문제였어요. 주식 가격이나 철도, 운송량 등 여기저기 흩어져 있는 통계는 있었지만, 미국이라는 국가의 전반적인 경제 상황을 판단할 수 있는 정확한 통계 수치는 얻기 어려웠어요.

당시까지는 경제 영역을 개인이나 기업에 맡기고 시간이 흐르면 저절로 좋아질 거라고 생각했어요. 이 때문에 나라

경제 전체를 파악할 필요가 없었
지만, 이제 경제의 전반적인 상
황을 파악할 수 있는 구체적이고
정확한 수치가 필요한 상황이 된
것이지요.

고심하던 미국 정부는 경제학
자 사이먼 쿠즈네츠에게 나라 경
제를 파악할 수 있는 지표를 만
들어 달라고 부탁했어요. 이때 쿠

대공황을 극복한
루스벨트 대통령

즈네츠가 여러 연구를 거쳐 만든 것이 국내 총생산입니다.
1937년 미국 의회에 발표한 국내 총생산은 이후 한 나라의
생산 능력과 경제 규모를 전반적으로 알려 주는 통계 지표가
되었어요. 미국 정부는 이 통계를 바탕으로 종합적인 경제
상황을 신속하게 판단하여 대처할 수 있었고, 더 나아가 전
세계 국가의 생산 능력을 알려 주는 지표로 널리 쓰였어요.

경제를 둘러싼 다양한 통계 수치를 들으면 머리가 복잡하
고 어지러울 때도 있어요. 그렇지만 국내 총생산과 같은 경
제 통계는 숫자 이상의 의미를 전달합니다. 때로는 나라 경
제가 건강한지 알려 주는 역할도 하지요. 체온계를 통해 내
몸의 온도를 재 보고, 그 숫자를 통해 '열이 나고 몸 상태가

좋지 않다'는 사실을 알아차리고, 내 건강 상태와 컨디션의 흐름을 살펴보는 것처럼요.

나라 경제의 흐름과 상태를 '경기'라고 해요. 경기 상태가 좋을 때를 흔히 '호황'이라 하고, 경기의 상태가 나쁠 때를 '불황'이라고 하지요.

불황일 때는 사람들의 주머니 사정이 넉넉지 않아 소비를 제대로 할 여유가 없어요. 때문에 기업이 만든 물건이 팔리지 않으니 회사나 공장은 문을 닫거나 생산을 줄이고, 인건비를 아끼기 위해 일할 사람도 줄이지요. 장사가 안되어 가게 운영이 어려워지면 자영업자도 일자리를 잃게 돼요. 직장을 잃고 소득이 줄어든 사람들은 여행이나 여가 생활을 위한

지출을 줄이는 것은 물론, 생활필수품에 드는 돈이나 집세, 교육비까지 줄일 수밖에 없습니다. 이런 과정을 통해 경제가 더 악순환에 빠지는 문제가 나타나지요. 한 나라의 경제가 휘청대면 각 가정의 생계유지가 힘겨워지는 것도 순식간입니다.

한 나라의 경제가 불황일 때 이를 드러내는 데 큰 영향을 미치는 숫자 중 하나가 '실업률'이에요. 실업률은 경제 활동이 가능한 인구 중에서, 일할 의지와 능력이 있음에도 불구하고 일자리를 가지지 못한 사람들의 비율을 숫자로 나타낸 것입니다. 앞서 말했던 대공황 당시 불황의 늪에 빠져 있던 미국의 실업률은 25%까지 치솟았어요.

우리나라 역시 1990년대 후반, 나랏빚이 크게 쌓여서 발생한 외환 위기가 있었을 때 평소 3~4%이던 실업률이 1999년 2월 8.6%까지 치솟은 적이 있었지요. 실업률은 단순히 숫자를 넘어서 소득을 잃은 각 가정의 생계를 유지하는 게 얼마나 힘들었는지 알려 줍니다. 그래서 실업률이 평소보다 높아지면 신문이나 뉴스에는 이를 걱정하는 기사들이 끊임없이 올라오지요.

반대로 호황에는 나라 안에서 돈의 흐름이 원활하기 때문에 상품이 잘 팔리고 투자도 활발해집니다. 이에 따라 기업은 일자리를 늘리고 자영업자들도 활짝 웃게 되지요. 그러나 호황을 마냥 좋다고만은 볼 수 없어요. 각 개인의 주머니에 돈이 넘쳐 나니 소비와 투자가 활발해지고, 수요가 늘어난 만큼 상품이나 원자재 가격이 오를 수 있기 때문이에요.

호황의 시기가 다가올 때 많은 이들이 걱정하는 것이 바로 치솟는 물가예요. 우리가 평소에 사는 참고서 가격이 2만 원에서 4만 원으로 뛰어오른다고 상상해 봐요. 예전에는 서점에 8만 원을 들고 가면 4권을 살 수 있었으나, 이제는 2권밖에 못 사는 상황이 벌어집니다. 이렇게 물가가 오르는 만큼 서민들은 상품을 충분히 살 여유가 줄어들고 각 가계는 부담을 느끼게 되지요.

하지만 모든 사람에게 불리한 상황이 펼쳐지는 건 아닙니다. 땅이나 건물 등을 가진 사람들 입장에서는 자산 가격이 올라가니 유리한 상황이 펼쳐져요. 이렇게 짧은 기간 동안 물가가 급격하게 상승할 경우, 소득 분배가 나빠지는 문제도 생깁니다.

이처럼 물가는 국민의 경제 생활에 커다란 영향을 끼치는 요소이기 때문에 경제학자들은 '물가 상승률'이라는 통계에 관심을 가집니다. 물가 상승률은 말 그대로 물가가 얼마나 올랐는지 나타내는 비율이에요. 소비자들이 사는 상품이나 서비스의 값을 종합하고 평균한 물가 지수가, 전년도에 비해 얼마나 올랐는지 계산한 것이지요.

물가 지수가 어떤 흐름을 보이는지에 따라 경기가 과열되었는지 침체 시기인지 확인할 수 있으므로, 이는 매우 중요한 숫자라고 볼 수 있어요. 호황이나 불황이 언제 올지 예측하여 대비할 수 있으니까요. 물가 상승률과 실업률을 보면서 경제학자와 정부의 경제 정책을 정하는 사람들은 불황과 호황, 경제의 온도를 재는 것입니다.

9월 1일은 통계의 중요성에 대한 국민의 이해와 관심을 높이고 통계의 이용을 활발하게 만들기 위해 법으로 정한 기념일인 '통계의 날'입니다. 통계를 읽는다는 건 그 숫자에 숨은 의미를 알고 상황을 정확히 판단하는 거예요.

오늘은 신문에 적힌 경제 통계를 유심히 한번 살펴보는 게 어떨까요? 그리고 그 숫자 뒤에 숨어 있는 경제의 온도를 생각해 봐요. 통계 뒤에 숨은 상황을 정확히 짚어 낼수록 경제의 현재를 파악하고 미래에 대비할 수 있으니까요.

경제를 위한 실천 행동

- 신문이나 뉴스 속 경제 통계 지표의 의미를 찾아보기
- 통계에 나타난 숫자를 통해 우리 경제 상황을 생각해 보기

지식 재산의 날

함께 알아 두면 좋은 날 : 4월 26일 세계 지적 재산의 날

#저작권 #특허 #지식재산권 #인공지능 #창작물

게임 캐릭터도, 글씨체도 지식 재산?

미키 마우스는 세계에서 가장 유명한 캐릭터예요. 미국 디즈니사가 만든 이 캐릭터는 약 100년 전인 1928년에 탄생한 뒤 지금까지 큰 사랑을 받고 있어요. 소중한 캐릭터인 만큼 디즈니사는 미키 마우스를 아무나 무단으로 사용할 수 없도록 보호하는 데 큰 노력을 기울였어요. 오죽하면 우스갯소리로 '무인도에 떨어지면 막대기로 크게 미키 마우스를 그려라.'라는 말이 있을 정도입니다. 허락을 받지 않고 미키 마우스 캐릭터를 활용하면 디즈니사가 어떻게든 이를 찾아낸다는 사실을 풍자한 이야기지요.

이 모든 건 미키 마우스 캐릭터를 독점적으로 사용할 권리

가 디즈니사에 있기 때문이에
요. 캐릭터나 미술 작품, 창작
물처럼 인간의 사상이나 감정
을 표현한 창작물에 대해 저
작자가 가진 독점적인 권리를
'저작권'이라 부릅니다. 만약
저작권자의 허락 없이 창작물
을 사용하면 저작권을 침해한
것으로, 처벌받거나 벌금을
물게 돼요.

미키 마우스와 필름을 보고 있는
디즈니사의 창업자 월트 디즈니

미키 마우스의 디자인처럼 대부분 국가에서는 사람이 지
적 활동으로 만든 것 중 법으로 보호할 만한 가치가 있는 것
을 재산으로 인정해요. 디자인, 상표, 이론 등도 무형의 재산
이 됩니다. 이렇게 인간의 지적 능력, 경험 등을 통해 만들거
나 발견한 무형의 기술, 지식, 표현, 표시 등에 부여된 권리를
'지식 재산권'이라고 해요. 지식 재산권에는 앞서 말한 저작
권 외에 산업 재산권이란 것도 있어요. 산업 부분에서 이용
가치를 갖는 특허나 디자인, 상표에 대한 재산권을 인정하는
것이지요. 우리가 손에 쥐고 다니는 작은 스마트폰 속에만
해도 약 25만 개의 특허가 숨어 있답니다.

저작권 문제는 막대한 이익과 손해를 가를 수 있는 문제이 므로, 저작권을 둘러싼 기업 간 다툼이 종종 빚어지기도 해 요. 2011년 스마트폰 회사 애플이 스마트폰의 디자인으로 삼성에 소송을 건 적이 있었어요. 애플은 스마트폰의 둥근 모서리 디자인이 자사의 아이폰만이 가질 수 있는 디자인이 라 주장했지요. 이에 삼성도 지지 않고 애플이 자신들의 기 술을 모방했다며 맞소송에 나서 두 기업 사이에 갈등이 이어 졌어요. 7년 만인 2018년 6월 두 기업은 서로에게 걸었던 소 송을 취하하기로 합의하고, 삼성이 일부 배상하는 조건으로 두 기업 사이의 다툼은 끝났습니다.

전화기를 둘러싼 특허 전쟁은 100여 년 전에도 존재했어 요. '벨의 전쟁'으로 불리는 전화기 특허 분쟁은 지금까지 유 명한 일화로 남아 있지요. 원래 전화기의 기초 원리가 되는 발명은 미국의 발명가 엘리샤 그레이가 했어요. 그는 금속 진동판을 사용해 전선으로 신호를 보내는 장치를 발명했지 요. 그런데 그레이가 이 발명을 실용화시키는 것에 머뭇거린 사이, 알렉산더 그레이엄 벨이 이 아이디어를 활용해 기술자 를 고용하여 1876년 전화기를 잽싸게 만들었어요. 그러고는 특허 출원(발명자가 자신의 발명을 등록하기 위해 일정한 양식에 의한 출원서를 작성하여 특허청에 제출하는 행위)도 했지요.

벨의 특허 출원 소식을 듣고 놀란 그레이는 급히 서류를 작성해 벨의 특허를 막으러 갔지만, 그레이는 벨보다 2시간 늦게 도착했고 결국 전화기의 특허는 벨에게 돌아갔습니다. 이 특허를 바탕으로 벨이 설립한 회사가 미국 통신 시장을 100년 이상 지배하고 있어요. 지식 재산이 개인뿐만 아니라 기업의 운명에도 어떤 영향을 미칠 수 있는지 알려 주는 대표적인 사례이지요.

이제 저작권 문제는 기업뿐만 아니라 우리의 삶에도 중요한 문제로 떠오르고 있어요. 인공 지능의 등장 때문입니다. 2022년 미국의 한 미술 대회에서 대상을 차지한 '스페이스

AI로 만든 미술 작품 '스페이스 오페라 극장'

오페라 극장'이 연일 뉴스에 오르며 화제가 되었습니다. 화려하고 웅장한 색감과 이미지를 지닌 이 그림은, 알고 보니 미드저니(Midjourney)라는 인공 지능이 그린 작품이었어요. 이 때문에 사람의 손이 닿지 않은 그림을 대상으로 선정할 수 있는지 논란이 된 거예요.

미술 분야 외에도 최근에는 다양한 일을 해내는 인공 지능이 속속 등장하고 있어요. 정보 검색도 해 주고, 원하는 영상도 만들어 줘요. 기사, 연설문, 시, 소설 등을 순식간에 쓰고 작곡도 할 수 있지요. 심지어 산업 현장에서는 그동안 나왔던 기술과 제품을 분석해 신제품을 디자인해 주는 일까지 해요.

인공 지능 기술을 활용하다 보면 새로운 저작권 문제가 떠오릅니다. 인공 지능이 만든 이미지나 글의 주인을 누구로 볼 수 있을까요? 키워드를 넣고 만든 그림을 사람의 것이라 볼 수도 있지만 현재의 법으로는 인정이 어렵습니다. 우리나라의 저작권법만 해도 저작물을 '인간의 사상이나 감정을 표현한 창작물'로 인정하고 있는데, 인공 지능의 창작물은 인간이 표현한 것이라 보기 어려우니까요. 당연히 디자인, 상표, 영업 비밀 등 산업 재산권법상 발명자나 저작권법상 창작자가 될 수 없어요. 시대의 흐름에 발맞추어 인공 지능을 만든 사람이나 회사, 또는 인공 지능 이용자에게 지식 재산권을 주어야 한다는 의견도 나오고 있습니다.

인공 지능의 창작 과정을 둘러싼 저작권 논란도 있어요. 인공 지능은 인터넷에 쌓여 있는 수많은 그림이나 글 등 여러 창작물을 보고 학습한 결과를 통해 그림을 그립니다. 이 과정에서 수많은 창작자의 지식 재산인 창작물을 활용하고 공부하는 과정을 거치는데, 이 역시 지식 재산권을 침해하는 것이 될 수 있지요. 그래서 글을 쓰거나 그림을 그리는 창작자들의 반발도 이어지고 있어요. 인공 지능이 만든 결과물이 원래의 발명이나 저작물과 비슷할 경우나 다른 창작물을 복제하거나 훔칠 경우는 지식 재산을 침해한 것이 될 가능성이 높습니다. 이렇게 인공 지능이 발달할수록 저작권을 둘러싼 물음이 차곡차곡 쌓일 것이고, 이 물음에 답하기 위해 법과 제도를 보완해야 할 필요성도 있지요.

9월 4일은 인터넷과 모바일이 발전한 시대에 우리 삶과 떼려야 뗄 수 없는 지식 재산권을 기리는 기념일인 지식 재산의 날입니다. 이날은 세계에서 가장 오래된 금속 활자 기술로 인쇄된 우리나라 불교 경전 《직지심체요절》이 유네스코 세계 기록 유산으로 등재된 날이지요.

과거의 역사가 증명하고 오늘날의 상황이 보여 주듯, 무형의 지식 재산은 중요한 역할을 합니다. 뛰어난 창작이나 기술 혁신의 결과물에 대한 권리가 지켜지고, 그에 따른 경제적 이익을 정당하게 얻을 수 있어야 사람들은 새로운 기술을 만들고 더 뛰어난 창작물을 만들 수 있지요. 지식 재산권을 지켜 주지 않으면, 새로운 기술 발전이나 창작물이 탄생하는 선순환이 이뤄지기 힘들어요.

기업이나 인공 지능의 사례도 중요하지만, 내 주변을 돌아볼 필요가 있습니다. PPT나 보고서를 만들 때 다른 사람이 만든 글씨체나 사진을 무단으로 쓰고 있지는 않은가요? 다른 사람이 만든 음악이나 영상을 무단으로 다운로드하는 경우는요? 내가 타인의 지식 재산권을 얼마나 보호하고 있는지, 비용을 내고 써야 할 것을 불법으로 사용하고 있지는 않은지 살펴보도록 해요.

경제를 위한 실천 행동

● 다른 사람이 만든 음악이나 영상, 글씨체 등의 저작권을 확인하고 사용하기
● 내가 쓰는 물건에 숨어 있는 지식 재산권 관련 내용 찾아보기

9 월 6 일
자원 순환의 날

함께 알아 두면 좋은 날 : 4월 4일 종이 안 쓰는 날,
4월 22일 지구의 날, 11월 마지막 주 금요일 아무것도 사지 않는 날

#쓰레기섬 #쓰레기수출 #선형경제 #순환경제 #업사이클링

쓰레기를 만들지 않으면서 소비하는 방법

휴양지로 유명한 아름다운 하와이, 그곳에서 북동쪽으로 1,600km 떨어져 있는 태평양 위에는 쓰레기로 이루어진 섬이 있습니다. '거대 태평양 쓰레기 지대'란 이름의 이 섬은 낚시 도구, 부표, 칫솔 등 수많은 쓰레기가 모여 커다란 대륙을 만든 것 같은 모양을 하고 있어요. 160만km^2에 이르는 이 섬의 크기는 우리나라 국토 면적의 16배라고 해요. 전 세계에서 바다로 흘러든 플라스틱 쓰레기가 여러 해류 중에서도 '북태평양 아열대 환류'를 따라 돌고 돌다가 이곳에 모여 섬을 이루지요.

거대한 쓰레기 섬은 먼 태평양의 이야기만은 아니에요. 우

리는 음식이나 택배를 배달받으면서 플라스틱을 사용하고 비닐 포장을 뜯습니다. 내 생활 공간을 청소하며 주변이 깨 끗해졌다고 믿고, 쓰레기가 사라졌다고 착각하기 쉽지요. 그 러나 우리가 쓴 쓰레기는 사라지지 않고 어딘가에 쌓이고 있 어요. 쓰레기가 썩어서 분해되는 시간은 생각보다 무척 깁니 다. 나무젓가락은 20년 이상, 종이는 5개월, 우유 팩은 5년, 나일론 천과 구두는 40년, 칫솔은 100년이라는 시간이 필요 하지요. 스티로폼과 알루미늄 캔은 500년, 낚싯줄은 600년 이 지나야 겨우 분해돼요.

쉽게 썩지 않는 쓰레기는 커다란 쓰레기 섬을 이루기도 하 고, 미세한 플라스틱으로 쪼개져 바다 생물의 몸속으로 들어 가기도 해요. 우리나라만 해도 2019년 기준으로 전국에 쓰 레기 산이 230여 곳이나 있어요. 문제는 우리가 잠깐의 편리함을 위해 쓰고 버린 쓰레기가 나날이 늘어나고 있다는 겁니다.

쓰레기 처리는 각 나라의 빈부 격차와도 관련이 있어요. 선진국에서 나온 쓰레기의 대부분은 개발 도상국으로 보내져요. 이렇게 쌓인 쓰레기 속에서 개발 도상국 노동자들은 깨끗한 플라스틱, 희토류 등 돈이 되는 자원을 회수하고 나머지는 버려요. 이 과정에서 엄청난 양의 유해성 화학 물질, 금속 쓰레기 등이 쌓이며 개발 도상국 국민들의 건강을 위협하기도 합니다. 2018년까지는 이런 일이 주로 중국에서 벌어졌어요. 중국이 세계 쓰레기의 절반 이상을 수입해 전기나 열에너지로 만들어 재활용했기 때문이에요.

2018년부터 중국이 쓰레기 수입을 금지하자 갈 곳을 잃은 선진국의 쓰레기는 상대적으로 규제가 느슨한 동남아로 향했어요. 이 때문에 2019년에는 환경 오염을 우려한 말레이시아, 필리핀, 인도네시아 등의 나라에서 쓰레기 수입을 거절하기도 했어요. 기존 쓰레기를 선진국에 되돌려 보내는 것은 물론 아예 해외 쓰레기 반입을 법으로 금지하기도 했지요.

거대한 쓰레기가 만들어지는 오늘날의 모습은 자본주의 경제와 관련이 있어요. 산업 혁명 이후 사람들은 자원을 채

동남아 최대 쓰레기 산인 인도네시아 반타르 그방 통합 쓰레기 처리장

취해 새로운 상품을 더 많이 생산하면 그만큼 새로운 가치가 만들어지고 경제가 성장한다고 생각했어요. 이런 경제 모델을 한 방향의 직선 모양으로 이어진다고 해서 선형 경제라 불러요. 선형 경제는 크게 자원을 채취하여 물건을 대량으로 생산한 다음, 이 상품을 다 사용하면 폐기하는 3단계로 이어집니다. 대량으로 만들어진 쓰레기는 재사용되지 않고 폐기물로 남아 지구 어딘가를 떠돌며 환경을 오염시키고, 사람들의 건강을 위협하지요.

요즘에는 지구 환경을 해치는 선형 경제에 대한 반성으로 순환 경제라는 개념이 나오고 있어요. 한 번 사용한 자원이 매립지나 소각로 같은 쓰레기의 '무덤'에서 곧바로 폐기되는 것이 아니라, '쓰고 버리는' 개념 자체를 없애는 방식으로 상품을 만들고, 사용하는 경제를 말합니다.

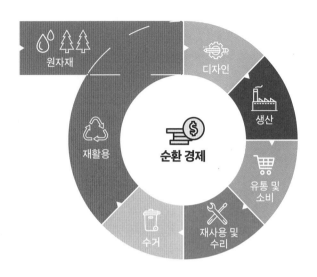

최근에는 세계적인 기업들이 순환 경제를 고려하여 상품이나 서비스를 고객에게 제공합니다. 스웨덴의 가구 업체 이케아는 바이백이라는 프로그램을 도입했어요. 2020년부터 고객이 사용하던 이케아의 중고 가구를 다시 사서 수리한 뒤 되파는 제도입니다. 프랑스에는 2021년부터 자국 내에서 판매되는 스마트폰이나 세탁기, TV, 컴퓨터 등을 얼마나 쉽게 고쳐 쓸 수 있는지 수리 가능성 지수를 표시하도록 의무화했어요. 인도에서는 재활용 쓰레기를 가져가면 음식으로 바꿔 주는 카페가 있지요.

이렇게 순환 경제는 새로운 경제의 흐름으로 주목받고 있어요. 글로벌 경제 컨설팅 회사인 액센츄어는 2030년이 되면 순환 경제를 통해 4조 5천억 달러에 이르는 경제적 가치를 끌어낼 수 있을 거라고 보았어요. 이는 우리나라 GDP의 3배에 달하는 어마어마한 규모입니다.

순환 경제는 단순히 폐기물을 줄이고 재활용하는 것과는 달라요. 한 번 사용한 제품을 새로운 가치를 지닌 더 좋은 상품으로 만드는 데 관심을 가지니까요. 전 세계 젊은이에게 큰 사랑을 받는 프라이탁이라는 가방이 있어요. 프라이탁은 화물차 덮개와 자동차 안전벨트, 자전거의 고무 튜브 등으로 가방을 만들어요.

이 회사를 만든 마커스와 다니엘 프라이탁 형제는 스위스 취리히의 날씨 때문에 내용물이 눅눅해지는 자신의 가방을 보고 젖지 않은 소재를 찾기 시작했어요. 그러다 방수 천으로 만든 트럭 덮개를 이용해 가방을 만들게 된 거예요. 이렇게 재활용품에 디자인과 활용도를 더해 가치를 높인 제품으로 재탄생시키는 것을 업사이클링(upcycling) 제품이라고 해요.

프라이탁 가방 외에도 폐플라스틱으로 만든 가구나 오래된 옷으로 만든 패션 제품, 유리병으로 만든 제품 등도 존재해요. 미국의 스포츠 의류 회사 파타고니아는 공장 폐기물, 어망, 카페트 등을 혼합한 재료로 옷을 만들고, 신발 회사 팀버랜드는 플라스틱병을 재활용해 스니커즈를 만들어요.

9월 6일은 자원 순환의 날로, 쓰레기가 산이나 바다에 쌓이거나, 다른 동식물을 해치는 대신에 순환 경제를 이용해 자원을 다시 활용하게 만든다는 의미로 제정된 기념일이에요. 이 날짜가 자원 순환의 날이 된 데에는 숨은 비밀이 있어요. 숫자 9와 6은 뒤집으면 모양이 같지요? 9와 6의 관계처럼 자원도 돌고 돌면서 다시 활용하면 지구 환경에 도움이 된다는 의미에서 정한 날짜예요.

우리도 일상에서 작은 순환 경제의 흐름을 만들 수 있어요. 배달 주문이나 테이크아웃 등으로 무심코 받은 휴지, 일회용 컵이나 빨대, 플라스틱병 등을 가지고 업사이클링 상품을 만들어 보는 건 어떨까요? 페트병으로 화분을 만들거나 해진 옷으로 가방을 만들어 재활용할 수도 있지요. '쓰레기를 만드는 하루' 대신 버려질 물건으로 새로운 가치를 만드는 하루는 분명 의미 있을 거예요.

경제를 위한 실천 행동

- 업사이클링 제품을 찾아보기
- 플라스틱이나 비닐봉지를 사용하지 않기
- 다 사용한 천이나 일회용 컵으로 새로운 용품 만들기

9월 7일
사회 복지의 날

함께 알아 두면 좋은 날 : 3월 셋째 주 화요일 세계 사회 복지의 날

#레미제라블 #복지 #복지정책 #의료보험 #사회보험 #공적보험
#기본소득제도

요람에서 무덤까지, 국민을 돕는 나라

뉴스에서 가끔 '현대판 장 발장'이라는 말을 들을 때가 있어요. 장 발장은 1862년에 프랑스의 작가 빅토르 위고가 쓴 소설《레 미제라블》의 주인공이에요. 굶주리는 조카들을 위해 빵 한 조각을 훔쳤다가 감옥에 간 인물이지요.

소설 속 장 발장처럼 현대에도 생계형 범죄를 저지르는 사람들이 있어요. 주로 굶주림에 못 이겨 식료품을 훔치다 경찰에게 잡힌 사연이 뉴스를 통해 전해져요.《레 미제라블》의 시대 배경인 19세기의 비참한 서민들의 현실이, 21세기도 반복되는 사실이 안타깝습니다.

그러나《레 미제라블》을 배경으로 하는 19세기와 현재는 다른 점이 있어요. 바로 사회 복지 제도입니다. 복지란 건강한 상태, 경제적으로 윤택한 생활, 안락한 환경들이 어우러져 행복을 누릴 수 있는 삶을 뜻해요. 사회 구성원들의 행복한 삶을 위해 국가와 사회가 기울이는 기본적인 노력이지요.

사람이 사람답게 살아간다는 것은 단순히 숨을 쉬며 생명이 붙어 있는 상태만 말하는 건 아니에요. 굶주림에 시달리지 않을 만큼 음식을 먹을 수 있고, 따스한 보금자리에서 잠들 수 있고, 겨울철 추위나 여름철 더위에 시달리지 않을 옷을 입을 수 있는 상태를 말해요. 적어도 먹고, 입고, 자는 문제에 있어서 기본적인 욕구를 충족하도록 국가가 해결책을 주는 것이 복지 정책의 특징이지요.

요즘에는 여기에 더해 '국가가 국민들의 행복한 삶을 보장해 줄 책임을 진다'는 생각도 널리 퍼졌어요. 단순히 사회적 약자뿐만 아니라 전 국민의 삶의 질을 국가가 책임진다는 의미이지요. 우리나라 헌법 제34조에는 '모든 인간은 인간다운 생활을 할 권리를 가진다'는 규정이 있어요.

만약 복지 정책이 제대로 갖춰지지 않는다면 우리 삶은 어떻게 될까요? 미국에서 2009년에 개봉한 영화 〈식코〉를 보면 놀라운 장면이 등장합니다. 무릎을 심하게 다친 남자가 스스로 상처를 꿰매는 모습, 전기톱에 두 손가락이 잘린 남자가 한 손가락의 수술을 포기하는 장면이 나와요. 이런 상황이 펼쳐지는 이유는 미국 의료 서비스의 문제점 때문이에요.

미국은 민간 의료 보험 회사들이 의료 보험을 담당하고 있어요. 직장에 다니는 사람이라면 대개 회사에서 지정한 의료 보험에 가입하기 쉽지만, 직장에 다니지 않는다면 비싼 의료 보험료를 개인이 혼자 감당하기 어려워요. 의료 보험에 가입한 사람 중에서도 높은 비용과 복잡한 절차 때문에 꼭 필요한 의료 서비스를 받지 못하는 경우가 많아요. 이 때문에 치과 치료를 받거나 간단한 수술을 받는 데에도 수천만 원의 돈이 깨질 수 있어요. 그래서 의료 보험에 가입하지 못한 이들은 스스로 약을 사서 치료하거나 치료를 포기하는 경우도 있지요. 영화 속 장면 뒤에는 이처럼 씁쓸한 사연이 숨어 있어요.

반면 우리나라는 병원에서 심하지 않은 감기 치료나 가벼운 치과 치료를 받으면 대부분 몇천 원에서 몇만 원만 내면 돼요. 국가에서 운영하는 의료 보험 제도가 있기 때문이지요. 국민들이 평소에 보험료를 내면, 국민 건강 보험 공단이 이를 운영하고 관리해요. 국민이 아프거나 상처를 입어 병원 진료를 받아야 할 때 보험 급여를 제공해서 국민이 나눠서 위험을 분담하고 필요한 의료 서비스를 받도록 돕는 것이지요.

사회 보험은 일하다 다치거나, 일자리를 잃거나 고령이라 사람들의 소득이 줄어들거나 사라질 때를 대비해 국가가 운영하는 보험 제도예요. 보험 제도이기에 소득이 있을 때 사람들이 냈다가 어려움을 당했을 때 보험금을 받는 형태이지요.

사회 보험은 직장에 다니거나 소득이 있어 보험료를 부담할 수 있는 사람을 위주로 운영돼요. 반대로 공적 보험은 형편이 어려운 사람, 장애인이나 노령자 등 자신의 힘으로 생활이 어려운 사람들에게 국가에서 혜택을 주는 제도예요. 만약 생활 유지가 어려울 정도로 가난한 경우라면 국민기초생활보장법에 의해 국가가 생계나 교육, 주거에 필요한 비용을 지원해요.

최근 들어 원래의 사회 복지 제도 대신 '기본 소득'이라는 새로운 제도를 도입해야 한다는 이야기도 등장하고 있어요. 기본 소득은 아무런 조건 없이 모든 국민에게 일정한 금액의 돈을 규칙적으로 주는 제도입니다.

기본 소득 제도에 찬성하는 이들은 이 제도가 필요한 이유 중 하나로 4차 산업 혁명의 위험성을 이야기합니다. 인공 지능과 로봇이 사람들의 일자리를 대신할 만큼 사람들의 소득이 줄어들어 나라 전체의 소비가 줄고 경기 침체에 빠질 수 있다는 말이지요. 그러니 그 전에 기본 소득 제도를 마련해야 한다는 주장이에요.

모든 국민에게 1년에 매달 30만 원씩 돈을 나눠 주려면 186조 원이 필요해요. 우리나라 1년 예산이 2024년 기준으로 656조 원인데, 이 돈의 약 35%에 해당하는 돈을 써야 하니 비현실적이라는 이야기가 있지요.

9월 7일은 사회 복지의 날이에요. 사회 복지에 대한 이해를 높이고, 사회 복지사 등 복지와 관련된 일을 하는 분들의 활동을 기리기 위해 국가에서 정한 법정 기념일이지요. 이날은 생활이 어려운 사람의 기초 생활을 보장하고 자립을 돕는 법인 '국민기초생활보장법'이 처음 공포된 날이기도 해요. 사회 복지의 날, 기부를 통해 다른 사람의 행복을 지원해 보는 건 어떨까요?

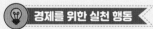

경제를 위한 실천 행동

- 구청이나 행정복지센터에 가서 형편이 어려운 이웃을 위해 기부하기
- 학교 무료 급식, 교복 지원 등 내가 혜택을 받는 사회 복지 제도에는 무엇이 있는지 찾아보기

함께 알아 두면 좋은 날 : 5월 셋째 주 월요일 성년의 날

\- -

#청년 #니트족 #경제활동인구 #비경제활동인구 #취업자 #실업자

청년, 무르익어 가는 푸르른 시기

'청년'이 1910년대의 유행어였다는 사실을 알고 있나요?
1903년 서울에 '황성기독교청년회'라는 단체가 만들어졌어
요. 그 후로 청년이라는 단어를 사용한 단체가 늘어났지요.
1920년에서 1921년 사이에만 1,300개 이상의 청년회가 생
겼어요. 그 전에는 소년, 장년이라는 말은 있었지만 청년이라
는 단어는 없었지요.

독립운동가 윤봉길은 1932년 상하이에서의 의거 이틀 전
에 '피 끓는 청년 제군들은 아는가'로 시작하는 〈청년 제군
에게〉라는 격문을 남기기도 했어요. 청년은 새로움과 민족을
일깨우는 용어로 유행했던 것이지요.

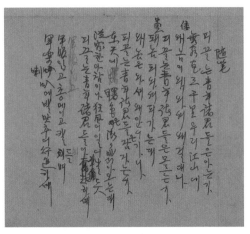

윤봉길의 글 〈청년 제군에게〉

청년(靑年)의 한자를 풀어 보면 '푸르른 나이'라는 의미가 담겨 있어요. 신체적·정신적으로 한창 성장하거나 무르익은 시기에 있는 사람이란 뜻이지요. 단어만 들으면 젊은이들의 밝고 푸르른 시절을 떠올리게 해요. 하지만 최근 들어 청년 실업, 청년 주거 문제, 은둔형 외톨이 청년 등 청년들의 어두운 소식이 많이 들리고 있어요.

예전에는 학교를 졸업하고 바로 취업을 하는 것이 일반적이었지만, 이제는 취업을 아예 포기하고 구직 활동도 하지 않은 채 지내는 사람이 많아요. 이렇게 취업 활동도 하지 않고 교육도 받지 않는 사람을 니트족(NEET, Not in Education Employment or Training)이라고 해요.

통계청의 2023년 조사 결과에 따르면 15세부터 29세까지의 청년층 중 3년 이상 취업하지 않은 청년이 21만 8,000명이었어요. 이들 중 직업 훈련이나 취업 시험 준비, 구직 활동 등을 하지 않은 채 집에서 시간을 보내는 청년은 8만 명이었지요.

이렇게 청년들이 일자리 찾기를 포기한 채 지내면 우리나라 실업률 숫자가 높을 것 같지요? 하지만 신기하게도 그 숫자가 그대로인 경우도 있어요. 오히려 니트족이 늘어날수록 실업률이 낮아질 수도 있지요. 왜 이런 현상이 생기는 걸까요? 그 이유는 통계청에서 실업자를 조사하는 방법이 꽤 까다롭기 때문입니다.

통계청에서 정하는 실업자가 되려면 일단 일할 수 있는 연령대, 그러니까 15세 이상이면서도 일할 의지와 능력이 있는 사람이어야 해요. 이렇게 15세 이상의 일할 의지와 능력이 있는 이들을 통계청에서는 '경제 활동 인구'라고 말합니다.

반대로 15세가 넘더라도 일할 능력이 없거나 일할 의지가 없는 경우에는 '비경제 활동 인구'가 돼요. 학생이나 군인, 전업주부는 당장 집안일이나 학교 공부, 국방의 의무에 충실해야 하니 비경제 활동 인구가 되지요. 여기서 중요한 건 이들이 취업할 마음이 있더라도 통계에서는 비경제 활동 인구에 포함된다는 점입니다.

니트족은 이미 일할 생각이 없어 취업을 포기한 사람들이기 때문에 대부분 비경제 활동 인구가 됩니다. 그러다 보니 자연스럽게 실업률 통계에서는 빠져요. 취업 포기로 인해 실업자인 상태인데도 그런 청년들을 실업 통계에서 잡아내지 못하는 겁니다.

경제 활동을 하는 인구는 다시 취업자와 실업자로 나눕니다. 만약 어떤 사람이 일주일에 한두 시간 일하고 수입이 생겼다면, 이 사람은 통계상 취업자가 돼요. 이러한 취업자와 실업자를 나누는 기준에 따르면, 제대로 된 직장을 구하지 못하고 아르바이트를 하며 생계를 이어 가는 경우에도 취업자로 분류되는 것이지요.

일할 의지와 능력이 있고, 더불어 최근 4주 동안 적극적으로 구직 활동을 했음에도 직장을 구하지 못한 사람들은 통계상으로 실업자로 잡혀요. 만약 공무원 시험을 준비하기 위해 공부를 하는 학생들은 시험 원서 접수를 받는 기간 전후에만 적극적인 구직 활동을 하는 것으로 잡히기 때문에 실업자가 될 뿐, 대부분의 기간 동안에는 적극적으로 일자리를 찾는 게 아닌 것이 되니 비경제 활동 인구에 머무르는 것이지요.

이런 복잡한 기준 때문에 실업률 통계가 우리나라의 실업 상황을 제대로 반영하지 못한다는 비판이 등장했어요. 2023년 기준 우리나라의 15세에서 29세 사이의 청년 실업률은 최근 10년간 평균 5~9%에 머무르고 있어요. 우리가 실제로 느끼는 것보다 훨씬 낮은 수치라는 걸 알 수 있지요.

통계청에서 발표하는 실업률에 구멍이 많다는 지적이 이어지자 2016년부터는 새로운 통계가 등장하기도 했어요. 전 세계의 노동 문제를 연구하는 국제노동기구에서 2013년에 만든 고용 보조 지표예요. 이 지표는 일을 하고 싶어도 일자리를 구하기 어려워 취업하지 못하는 노동력도 참고하여 구해요.

예를 들어 아르바이트 등을 통해 짧은 시간 일하지만 재취업을 원하는 사람, 최근에 일자리를 구하려는 시도를 하지 않았을 뿐 취업할 의사가 있고 취업을 할 수 있는 사람, 일자리를 구하려고 노력했지만 아이 양육 문제 때문에 당장 일하지 못하는 사람 등도 포함돼요.

이렇게 청년 실업의 현실을 제대로 파악하면, 청년들에게 안정적인 일자리를 주는 좋은 정책도 만들 수 있어요. 잘못된 청년 실업 대책 중에는 짧게 일하는 비정규직 일자리를 늘려 통계상의 실업자 수만 줄여서 눈속임을 하는 대책도 있는데요. 청년 실업의 현주소를 파악하면 이러한 실속 없는 대책을 줄일 수 있어요.

청년에게 안정적인 일자리를 주는 것에서 벗어나, 좀 더 파격적인 대책을 내놓은 경제학자도 있어요. 불평등을 연구하는 프랑스 경제학자 토마 피케티는 빈부 격차를 줄이려면 청년들에게 약 1억 6천만 원 정도의 '기본 자본'을 나누어 줘야 한다고 주장했어요. 사회에 첫발을 내디딜 청년들이 홀로 자립해 설 수 있도록 목돈을 주면, 나이가 들수록 더 심각해질 격차를 줄일 수 있다는 이야기지요. 최근에는 직장에 다니거나 사업을 하면서 벌어들이는 소득보다 부동산, 현금 등 이미 가진 재산의 차이에 따라 불평등이 심해지고 있기 때문에 그 격차를 줄여야 한다는 생각이 밑바탕에 깔린 거예요.

요즘은 질 좋은 일자리를 구하기 어렵고, 경제적 불평등이 심해지고 있어 청년들이 어려움을 겪고 있어요. 이러한 시대에 피케티의 주장은 우리에게 중요한 의미를 건넵니다.

프랑스 경제학자 토마 피케티

높은 물가 때문에 편의점 도시락으로 하루의 식사를 때우거나 하루 혹은 일주일 단위로 현금을 나누어 아껴 사용하는 청년들의 챌린지가 뉴스에 오르내리는 지금, 청년들에게 실질적으로 도움이 될 만한 건강한 정책을 찾아볼 필요가 있습니다.

청년의 날은 청년의 권리를 보장하고 사회에 존재하는 수많은 청년 문제에 대한 관심을 높이기 위해 만들어진 법정 기념일이에요. 2020년 청년을 위한 정책을 펼치기 위한 '청년기본법'을 시행하면서 제정한 날입니다. 청년을 위한 오늘, 주변의 어려운 상황에 놓인 청년들에게 따스한 말을 건네 보는 건 어떨까요? 포기나 단념, 좌절 같은 단어가 아닌, 미래와 희망이라는 단어를 되새길 수 있도록 말이에요.

경제를 위한 실천 행동

- 고립·은둔 청년을 위한 단체에 기부하기
- 주변의 20, 30대 청년들의 이야기를 들어 보고, 따스한 말 건네기

세계 관광의 날

함께 알아 두면 좋은 날 : 3월 3일 국립 공원의 날,
5월 21일 세계 문화 다양성의 날

- -

#팔라우 #환경서약 #오버투어리즘 #관광세 #지속가능한관광

여행의 설렘을 모두가 공평하게 누리려면

뜨거운 햇빛으로부터 피부를 지켜 주는 선크림. 이 선크림
사용이 금지된 나라가 있어요. 바로 태평양에 있는 아름다운
산호섬 팔라우입니다. 이곳에서는 옥시벤존이라는 성분이
들어 있는 선크림을 피부에 바르거나 판매할 수 없어요. 이
성분이 포함된 선크림을 바르
고 바다에 들어가면 물에 씻겨
나가 바닷속 산호초에 피해를
주기 때문이에요.

팔라우

　이 섬에 입국하려면 여권에
찍는 '팔라우 서약'에 서명도

해야 해요. 팔라우의 환경을 보호하는 데 최선을 다하겠다는
환경 서약이지요. 따라서 관광객들은 일회용 플라스틱과 스
티로폼을 함부로 쓸 수 없어요. 섬의 주민이 아닌 관광객들
에게 서약을 받는 데에는 관광을 새롭게 바라보는 눈이 있기
때문입니다.

　여행이나 관광은 휴식뿐만 아니라 일상의 틀을 벗어나 새
로운 깨달음을 얻는 데 도움을 줘요. 과거에는 주로 경제 활
동에 매달릴 필요가 없는 일부 상류층들이 해외여행을 떠났
어요. 그러다 경제력이 높아지고 교통수단이 발전하자 점차
많은 사람이 기차와 배, 자동차로 자유롭게 떠날 수 있는 시
대가 되었지요.

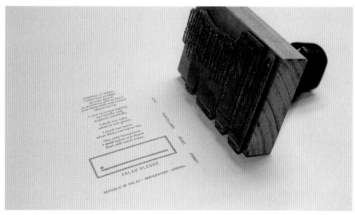

여러 나라의 언어로 제작되어 있는 팔라우 서약문

관광은 관광지에 사는 사람들의 생활과 지역 경제에 큰 도움을 줍니다. 관광객이 많을수록 그 지역의 카페나 호텔, 음식점 등은 높은 수입을 얻을 수 있지요. 2013년 연구를 보면 우리나라의 전주 한옥 마을에 500만 명 이상의 관광객이 방문하여 3,100억 원의 경제 효과를 얻었다는 조사 결과가 있어요. 종로구는 2014년 북촌 한옥 마을 방문객의 소비가 늘어나 경제 효과가 2조 원에 달한다는 계산을 내놓기도 했지요.

관광객의 방문 덕분에 지역 주민의 소득이 늘어나고, 해당 산업에서 일하는 사람들의 일자리가 늘어나며, 주머니가 두둑해지면 지역 소비도 늘어나요. 이처럼 관광 산업은 지역 경제 활성화에 도움을 줍니다.

그러나 관광의 활성화는 새로운 문제를 불러오기도 해요. 하얀 모래가 뒤덮인 곳으로 유명한 필리핀 보라카이에서는 2018년에 6개월 동안 여행객을 받지 않았어요. 관광객이 너무 많이 와서 쓰레기가 산더미처럼 쌓이고 하수가 범람하는 등 몸살을 앓았기 때문이에요.

이렇게 관광객이 과도하게 몰려들면 지역 주민의 삶이 힘들어지고, 환경도 파괴돼요. 이것을 과잉 관광, 영어로는 오버(over)와 투어리즘(tourism)을 합해 '오버 투어리즘'이라고 부

이탈리아 로마 트레비 분수 주변의 오버 투어리즘 현상

르지요.

오버 투어리즘의 문제점은 역설적이게도 코로나19로 사람들이 마음대로 여행을 가지 못하는 상황에서 드러났어요. 팬데믹 기간 동안 여행이 제한되면서 세계적으로 관광 산업이 약 4,800조 원의 경제적 손실을 입었다고 해요. 그렇지만 태국이나 필리핀 등 관광 의존도가 높은 국가에서는 관광객이 줄어든 덕분에 환경 파괴가 줄자 거대거북, 코뿔새 등의 개체 수가 늘어났어요. 인도에서는 대기 오염이 줄자 평소에 보기 어려웠던 먼 곳에 있는 히말라야산맥을 볼 수 있는 날도 생겼습니다. 인간의 즐거움을 추구하는 여행이 생태계를 해친다는 사실을 다시 한번 깨달은 계기였지요.

그렇지만 코로나19가 잠잠해지자 그동안 자유롭게 다니지 못했던 관광에 대한 수요가 급격하게 늘어났어요. 그 뒤로 과도한 관광의 문제점이 다시 드러났지요. 이 문제를 해결하기 위해 유명한 관광국이나 지역에서는 '관광세'를 부과하기도 합니다. 관광세란 관광지에 들어오는 사람들에게 세금을 물려 관광에 대한 비용을 높이는 것이지요.

에메랄드빛 바다로 둘러싸인 산호섬 몰디브는 휴양지로 사랑받는 곳이에요. 이곳에서는 리조트, 관광호텔, 게스트하우스 등에 머무는 사람들에게 1박당 6달러 정도의 그린 택스(green tax)라는 세금을 부과해요. 그린 택스로 얻은 수익은 상하수도 시설을 만들거나 수중 환경 보존을 위한 사업에 쓰이지요. 관광세로 얻은 이익으로 환경 오염을 막고, 원주민들의 생활이나 문화 유적을 보호하고, 새로운 여행 프로그램을 개발하는 데 쓸 수 있으니 일석삼조인 셈입니다.

최근에는 관광의 성격이 지속 가능한 방향으로 변해야 한다는 의견도 있어요. 관광객의 편의나 즐거움만 염두에 두는 것이 아니라 오랫동안 꾸준히 이어질 만한 관광 자원을 개발하고 이용하자는 이야기지요. 앞서 이야기한 팔라우의 선크림 금지나 환경 서약 역시 지속 가능한 관광을 바탕으로 만들어진 이야기입니다.

르완다에 있는 화산 국립 공원에는 멸종 위기종인 산악고릴라가 살고 있어요. 르완다에서는 이 산악고릴라를 무척 아끼지요. 이곳에서는 고릴라 서식지 트레킹을 통해 하루에 최대 30여 명만 산악고릴라를 볼 수 있어요. 이 동물을 보려고 많은 관광객이 모여들기 때문에 고릴라의 서식지를 침해하지 않는 선에서 여행객의 수를 제한하는 거예요. 공원에서 생태계를 해치지 않기 위해 꼭 갖춰야 하는 에티켓을 알려주고, 생물 다양성을 지키려는 관광을 추구하는 것이지요.

9월 27일은 세계 관광의 날이에요. 관광 산업의 중요성을 알리고 활성화하기 위해 1979년 유엔에서 정한 기념일이지요. 과거에는 관광객의 즐거움을 위한 관광이 최선이었지만 이제는 '가치 있는 경험'을 늘리고 '책임감 있는 여행'을 하는 데 중점을 두고 있어요.

세계 관광의 날인 오늘은 지속 가능한 관광지가 어디인지 찾아보고 그 지역에서 지켜야 할 에티켓을 알아볼까요? 나

산악고릴라 그림이 있는 르완다 최고 화폐 5,000프랑

만이 아닌 모두가 행복한 여행이 되어야 설렘도 충분히 느낄

수 있으니까요.

 경제를 위한 실천 행동

● 개인 물통이나 수저 세트, 휴대용 장바구니 등으로 친환경 여행 짐 싸기
● 지속 가능한 관광지를 세계 지도에 표시하고 그곳의 여행 에티켓 찾아보기

함께 알아 두면 좋은 날 : 1월 28일 국제 개인 정보 보호의 날,
4월 22일 정보 통신의 날

#개인정보 #플랫폼기업 #맞춤형광고 #데이터경제

개인 정보도 부의 원천이 되는 세상

부산에 여행 갈 일이 생겨 인스타그램과 구글에 '부산'이라는 검색어와 해시태그를 클릭한 적이 있어요. 몇 분간 짧은 검색을 했을 뿐인데 그 후 신기한 일이 벌어졌지요. 다른 조사를 위해 구글에 접속해도 부산의 맛집 정보가 떴고, 인스타그램에는 여행사에서 올린 '부산 일일 투어' 광고가 화면에 나타났거든요.

유튜브나 인스타그램 첫 화면에 나를 위한 맞춤형 동영상이나 게시물이 뜬 경험, 여러분도 있지요? 사실 요즘엔 이런 현상이 놀랍거나 특별한 일은 아니에요. '구글이 나보다 나를 더 잘 안다'는 말이 떠도는 요즘이니까요.

이 회사들은 내 정보를 어떻게 수집한 걸까요? 답은 간단해요. 우리가 인터넷을 사용하면서 알게 모르게 내 정보를 제공했기 때문이지요. 가령 스마트폰으로 내 위치 정보를 켜고 구글 지도를 검색하면 내 행동 기록이 고스란히 구글에게 갑니다. 내가 검색하는 내용도 마찬가지고요. 구글로 새로운 기사를 검색하거나 SNS 등에 남긴 개인 정보를 살펴보면 내가 어떤 연예인을 좋아하는지, 요즘 관심사가 무엇인지, 사회 문제에 대한 내 생각이나 사회관계까지도 알아낼 수 있어요.

2023년 한국인터넷진흥원이 무작위로 선정한 트위터 계정 200개를 이용해 계정만으로 어느 정도의 개인 정보를 수집할 수 있는지 알아보는 실험을 했어요. 그 결과 200개 가운데 176개(88%)는 사용자의 실제 이름을 쉽게 확인할 수 있었어요. 또한 150개(75%)는 사용자의 연령대, 성별, 거주지까지 알 수 있었고, 24개(12%)는 사용자의 전화번호, 이메일 주소, 직업 등 민감한 개인 정보도 확인할 수 있었지요.

이렇게 인터넷에서 엄청난 정보력을 발휘하는 구글이나 아마존, 트위터, 인스타그램, 네이버, 카카오 등의 회사를 '플랫폼 기업'이라 해요. 원래 플랫폼은 기차역에서 승객이 기차를 타기 위해 대기하는 공간을 뜻해요. 기차역에서 다양한 곳을 오가는 기차와 승객들이 만나는 것처럼, 놀이터에서 어린이들이 친구들과 놀 수 있는 것처럼, 인터넷이나 모바일을 통해 사람들이 만날 수 있는 공간을 제공하는 기업을 말하지요.

플랫폼 기업의 편리한 서비스를 이용하다 보면 궁금증이 생깁니다. 이용자에게서 돈을 받지도 않는데 이런 회사들은 어떻게 돈을 버는 걸까요? 대부분은 이용자에게 뜨는 광고에서 수익이 발생합니다. 앞서 본 예처럼 내가 구글에서 검색하려는 순간 관련 상품을 추천하며 고객을 소비하도록 유도하지요. 페이스북이나 인스타그램은 이용자의 위치 정보를 수집해 해당 지역의 음식점이나 숙소 광고를 띄울 수 있고요. 이용자의 연락처나 관심사를 활용해 추천할 친구를 찾아내기도 합니다.

이러한 SNS는 이용자의 인터넷 활동 기록을 통해 각자의 성향을 분석하고, 그에 알맞은 광고를 보여 주는데요. 이를 맞춤형 광고라고 해요. SNS 기업이 제공한 맞춤형 광고를 소비자가 이용하면, 이 기업들은 그 광고비를 수익으로 가져가지요. 구글의 경우 맞춤형 광고로 2022년 2,245억 달러(약 270조 원)를 벌었는데, 이는 구글이 벌어들인 돈의 약 87%예요. 페이스북과 인스타그램을 소유한 회사 메타 역시 전체 매출의 95%를 광고 이익에서 얻지요.

이렇게 데이터를 쌓아 돈을 벌 수 있는 4차 산업 혁명 시대의 경제를 '데이터 경제'라고도 합니다. 이용자의 정보가 부를 쌓을 수 있는 원천이라 보는 거예요. 이제까지 인류의 역사를 돌아보면 시기마다 특정한 기업이나 사회 집단을 부자로 만들어 주는 수단이나 도구가 있었어요. 인류가 농사를 지으며 살아가던 시기에는 토지가, 기계를 통한 대규모 생산이 이루어진 산업 혁명 이후에는 공장의 기계나 시설이 부를 쌓는 중요한 원천이었습니다. 그렇지만 20세기 후반부터 컴퓨터 기술과 인터넷망이 연결되면서 지식과 정보가 중요한 부의 원천이 되었어요.

미국의 미래학자 앨빈 토플러는 이미 1970년대에 지식과 정보가 생산의 주요한 요소로 떠오를 거라고 예측한 바 있어요. 땅이나 공장이 아니라 지식과 정보를 더 많이 움켜쥔 사람들이 세상을 주도하게 될 거라는 예측도 이어졌지요.

토플러의 이야기대로 지식과 정보가 세상을 이끄는 시대가 오고 있어요. 우리의 개인 정보도 기업에게는 이윤을 늘릴 수 있는 중요한 부의 원천이지요. 문제는 '돈'이 되는 내 정보나 사생활을 지나치게 많이 가져가거나 그 대가를 치르지 않는 회사가 꽤 많다는 거예요.

구글의 경우 그동안 접속한 이용자들에게 다른 웹사이트

에서 활동한 정보를 수집한다는 사실을 명확히 밝히지 않았어요. '더 보기'를 눌러야 설정 화면을 볼 수 있었고 '동의' 상태를 기본값으로 해 놓아서 이용자들의 동의를 은근히 유도했지요. 메타가 운영하는 페이스북 가입 역시 동의받을 내용을 알아보기 어렵게 14,000자가 넘는 데이터 정책 약관을 만들었어요. 긴 정책 약관을 전부 읽어 보는 이용자는 많지 않지요. 멋모르고 동의를 누르도록 은근히 유도한 거예요.

요즘에는 플랫폼 기업이 개인 정보를 무단으로 수집하는 데 문제가 있다는 것을 인식하고, 법이나 제도로 제재하는 나라도 있어요. 2022년 우리나라 정부는 온라인 이용자의 동의 없이 웹사이트나 앱 실행 검색, 구매 기록 정보를 수집하고 온라인 맞춤형 광고에 활용한 구글과 메타에게 각각 629억 원과 308억 원의 벌금을 매겼어요. 유럽연합에서는 2023년 1월 플랫폼 기업이 사용자의 개인 정보를 수집하고 사용하는 방식을 더 강하게 규제하는 '디지털 서비스법'을 발표했어요. 개인 정보와 권리를 보호하는 새로운 움직임이 나타나고 있는 겁니다.

개인 정보가 귀중한 재산이자 권리로 인식되고 있는 지금, 9월 30일 개인 정보 보호의 날은 중요한 의미를 담고 있어요. 개인의 정보를 불법으로 유출하거나 교묘하게 앗아 가는 행위를 막는 게 1차적으로 중요해요. 우리도 나의 개인 정보나 사생활 정보를 귀중히 다루고 유출되지 않도록 조심해야 합니다.

오늘은 내 인터넷 이용 습관을 되돌아보는 게 어떨까요? 개인 정보 보호 약관을 읽지 않고 무심코 동의하거나, 비밀번호 변경을 미루면서 나의 사생활 정보를 무심코 흘려보내는 건 아닌지 돌아봐요. 나도 모르게 상대방의 동의 없이 SNS에 친구나 가족의 얼굴, 개인 정보를 노출하고 있는 건 아닌지 생각해 볼 필요도 있겠습니다.

💡 경제를 위한 실천 행동

- 비밀번호를 강력하게 설정하고, 주기적으로 바꾸기
- 개인 정보 수집·이용 동의를 결정할 때 개인 정보 수집·이용 목적, 수집·이용 항목, 보유·이용 기간 등을 꼼꼼히 읽고 동의할 항목에 표시하기

함께 알아 두면 좋은 날 : 9월 7일 사회 복지의 날

#주거환경 #부동산 #가격탄력성 #해비타트

투자 상품이 아닌, 모두에게 따스한 보금자리로

2019년 미국 아카데미 시상식에서 4관왕을 거둔 영화 〈기생충〉은 우리나라의 빈부 격차의 현실을 다룬 영화예요. 영화에서 특히 눈에 띄게 빈부 격차를 느낄 수 있는 부분은 극 중 부자인 박 사장의 호화로운 저택과 가난한 기택 가족의 반지하 집의 차이입니다. 화려한 인테리어와 통유리로 정원이 훤히 보이는 박 사장의 집은 화면으로 봐도 쾌적하고 편안한 느낌을 주지요. 반면 와이파이도 잘 잡히지 않는 기택의 반지하 집은 낡고 허름합니다. 영화에서 나타나듯 주거 환경이 삶의 질을 결정할 수 있기에 많은 사람이 집 문제와 가격에 관심을 두고 부동산 뉴스를 확인하지요.

뉴스를 자세히 살펴보면 유독 부동산 가격이 다른 상품에 비해 가격 오름세나 내림세가 크다는 걸 알 수 있어요. 특히 서울에서 가장 비싼 아파트가 많은 지역인 강남은 주택 가격의 오르내리는 폭이 매우 크다는 것을 알 수 있어요.

사실 이런 현상 뒤에는 주택 시장을 비롯한 부동산 시장의 특수한 점이 숨어 있어요. 부동산은 빠른 시간 안에 새로운 건물을 짓거나 주택을 늘릴 수 없어요. 새로운 건물을 짓고 싶어도 땅의 면적은 한정되어 있으니 건물 짓기가 쉬운 건 아니에요. 반대로 가격이 내려간다고 해서 이미 지어진 건물을 허물어 없애지도 못하지요. 일반적인 상품과 비교해 보면 이런 차이점을 더욱 잘 알 수 있습니다.

만약 게임팩 가격이 오르면 기업들은 공장 설비를 가동해 게임팩을 더 많이 만들고, 공급을 재빨리 늘릴 수 있으니 가격이 심하게 뛰어오르지 않아요. 그렇지만 주택 시장의 경우에는 시장 상황에 재빠르게 대응할 수가 없다 보니 가격이 한번 오를 때 크게 올라요. 내릴 때도 가격이 가파르게 떨어져요. 이처럼 상품의 가격이 변할 때 공급량이 얼마나 민감하게 변하는지를 나타내는 지표를 경제학에서는 '공급의 가격 탄력성'이라고 해요.

우리가 양손에 고무줄을 쥐고 힘을 주면 늘어나듯, 가격이 오르고 내림에 따라 공급도 쉽게 늘리고 줄일 수 있으면 탄력적인 것으로 볼 수 있어요. 주택을 비롯한 부동산은 가격이 변해도 탄력적으로 대응하여 공급을 조절하기 어려워요. 그래서 주택 가격 상승 폭이나 하락 폭이 신문에 화젯거리가 되지요. 특히 서울 강남구와 같은 곳은 부동산 가격이 올라갈 때 가격이 크게 뛰어요. 중심부에 더 이상 아파트나 주택을 만들 만한 빈 땅이 없을뿐더러 교통과 학교, 상업 조건이 잘 갖춰진 곳을 찾다 보니 사람들의 수요가 몰리고 그만큼 값이 크게 뛰어오르는 것이지요. 이렇게 가격 폭이 크게 오르다 보니 부동산을 사고파는 일을 통해 수익을 내는 일은 흔한 풍경이 되었어요. 즉, 부동산이 자산을 불리는 수단이 된 것이지요.

주택 시장에는 또 다른 특징이 있어요. 단순한 상품이 아니라 사람들의 보금자리이기 때문이에요. 우리나라 헌법 제35조에는 '모든 국민은 건강하고 쾌적한 환경에서 생활할 권리를 가지며, 국가와 국민은 환경보전을 위하여 노력하여야 한다', '국가는 주택개발정책 등을 통하여 모든 국민이 쾌적한 주거생활을 할 수 있도록 노력해야 한다'라는 내용이 나와 있어요. 우리나라의 헌법뿐만 아니라 세계 인권 선언에도 보장되어 있는 내용이지요. 누구든 인간의 존엄성에 맞는 쾌적한 환경에서 안정적으로 살아갈 권리를 가지고 있는 겁니다.

하지만 영화 〈기생충〉에 등장한 것처럼 기본적인 주거의 권리를 모두가 동등하게 누리는 건 아니에요. 수십억짜리 집을 투자 목적으로 여러 채 가지고 있는 사람도 있고, 소득이나 재산에 따라 자신의 주거권을 제대로 보장받지 못하는 사람도 있으니까요. 안정적인 주거 공간이 있으면 교육을 받고 일자리를 얻을 수 있지만, 집이 없는 노숙 상태에서는 일자리 유지도, 치료를 받는 것도 힘들어요.

1970년대를 배경으로 한 소설《난장이가 쏘아 올린 작은

공》 속에는 난장이 가족이 도시 개발 계획에 밀려서 강제로 쫓겨나는 장면이 나와요. 시장 논리에 따라 자신이 살던 곳에서 부당하게 쫓겨나거나 열악한 주거 환경 속에서 살아가는 것은 영화나 소설 속 이야기만은 아니에요.

2022년 8월, 우리나라에 기록적인 폭우가 와서 침수 피해가 심각했을 때 관악구 신림동 반지하에 사는 가족이 참사를 당한 일이 있었어요. 동작구의 반지하 주택에 사는 50대 주민도 안타깝게 목숨을 잃었지요. 이런 피해는 주로 반지하나 판자촌, 쪽방촌 등 열악한 주거지에 먼저 집중됩니다. 특히 우리나라의 경우 전체 국토 면적의 11.8%인 수도권에만 인구의 절반이 살고 있는 특수한 환경이에요. 넓지 않은 지역에 인구의 절반 이상이 옹기종기 모여 살기에 수도권의 주택은 언제나 부족하고, 가격이 높은 편이지요. 특히 우리나라 국민의 18.8%가 살고 있는 서울은 전국에서 주택이 가장 부족한 곳이에요. 그래서 열악한 주거 환경을 바꾸기가 더욱 어렵지요.

시선을 전 세계로 돌려도 비슷한 일이 벌어지고 있어요. 케냐의 수도 나이로비에는 빈민들이 정착해 살고 있는 키베라라는 마을이 있어요. 키베라는 우리나라의 1960년대처럼 인구가 도시로 모여드는 도시화가 이루어지면서 농촌에서 올라온 사람들이 제대로 된 살 곳을 마련하지 못하여 생긴 마을입니다. 이곳 사람들은 단칸방으로 이루어진 작은 집에서 모든 식구가 생활해요. 방 하나가 침실이면서 부엌이고, 거실이기도 하지요. 집마다 화장실도 따로 없어서 비용을 내고 공용 화장실을 이용해야 할 정도로 환경이 열악하지요. 이곳 주민들 대다수는 오토바이 택시 운전, 경비 등으로 일하는데, 하루 벌이가 2달러(약 2,600원)도 되지 않아요. 불법으로 이 지역에 살기 때문에 단속에 들키면 언제든 쫓겨날 수 있다는 불안에 시달리기도 하지요.

키베라 사람들과 같이 주거 빈곤에 놓여 있는 인구는 전 세계에 10억 명이 넘는다고 해요. 영국의 정책 연구 기관인

케냐의 키베라 마을

국제환경및개발연구소와 비정부 기구 해비타트가 내놓은 보고서에 따르면 주거 빈곤층에게 적절한 주거 공간을 주면 1인당 국민 소득이 최대 10.5%까지 늘어날 수 있다고 해요. 또한 주민의 건강도 개선되어 평균 기대 수명이 2.4년(4%) 늘어날 것으로 예측했지요. 사는 곳이 좋아지는 것만으로도 안정되고 건강한 삶을 살 수 있는 거예요.

　세계 주거의 날은 1985년 12월 유엔에서 매년 10월 첫째 주 월요일로 제정한 기념일이에요. 주거권이 기본 인권인 것을 인식시키기 위해 만든 날이지요. 삶의 터전인 주거권을 확인하는 오늘, 전 세계 사람들에게 건강한 주거 환경을 보장해 주자는 내용의 게시물을 작성해 SNS에 올려 보는 건 어떨까요? 나의 집을 위해 노력하는 것도 좋지만, 모두의 따스한 보금자리 마련을 생각해 보는 것도 뜻깊은 일이니까요.

 경제를 위한 실천 행동

- 더 나은 주거 환경을 위해 집 안과 집 주변을 청소하고 정리·정돈하기
- 주거 빈곤층을 위한 집을 짓는 해비타트에 대해 알아보기

함께 알아 두면 좋은 날 : 6월 15일 노인 학대 예방의 날,
10월 1일 국제 노인의 날

#양로연 #노인인구 #고령화 #자원재생활동가 #연금제도
#국민연금 #기초노령연금제 #생산가능인구

노인이 사회의 주연이 되는 세상

신분이 엄격하게 구별되던 조선 시대에 양반, 평민, 노비 등 신분에 관계없이 모두가 참여하던 잔치가 있었다는 사실을 알고 있나요? 바로 '양로연'이라는 행사예요. 고려 시대부터 있었던 이 풍습은 누구든지 여든 살이 넘으면 잔치에 초대하여 맛있는 음식과 선물을 주는 제도였어요. 또한 세종은 "100세 된 노인은 세상에 드물다. 그들에게 해마다 쌀 10석을 지급하고, 매월 술과 고기를 보내라."고 명했어요.

오늘날에는 과학 기술이 발달하고 수명이 길어져서 노인의 수가 늘어났고, 전체 인구에서 노인이 차지하는 비중도 훨씬 높아졌어요. 보통 OECD에서는 65세 이상의 사람들을 노인으로 보는데, 2024년 우리나라 65세 이상 노인 인구는 1,000만 명을 넘어설 것으로 예상됩니다.

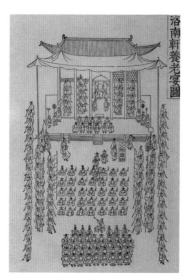

1795년 정조가 화성에 행차했을 때 낙남헌에서 열었던 양로연을 그린 〈낙남헌양로연도〉

단순히 숫자만 늘어나는 것이 아니에요. 평균 수명이 길어지면서 65세 이상 인구의 비율이 점차 높아지는 현상을 '고령화'라고 하는데, 우리나라는 전 세계에서도 고령화의 속도가 매우 빠른 편에 속해요. 2040년쯤 되면 우리나라 전체 인구의 3분의 1이 노인 인구일 것이라는 전망이 있어요.

노인 인구가 갈수록 늘어가는 요즘, 10월 2일 노인의 날은 그 의미가 뜻깊습니다. 1997년, 보건복지부에서 만든 이 날은 어르신들을 공경하는 마음을 되새기는 법정 기념일이에요. 하지만 노인의 날이 가진 뜻깊은 의미와 달리, 우리는 노인들을 둘러싼 밝지만은 않은 현실을 마주하기도 합니다. 특히 동네를 다니다 보면 작은 손수레나 카트에 폐지를 쌓아 담고 끄는 어르신들의 모습을 흔히 볼 수 있지요. 최근에는 '폐지 줍는 노인'이 아닌 '자원 재생 활동가'라고 불러요.

한국노인인력개발원이 밝힌 바에 따르면 자원 재생 활동가의 하루 평균 노동 시간은 11시간 20분이에요. 그런데 이렇게 힘들게 일해서 하루에 버는 돈은 평균 10,428원에 불과하다고 해요. 시간당 임금으로 계산하면 948원으로 최저 임금의 10% 정도이지요. 일하는 시간과 고단함에 비하면 턱없이 낮은 수준이지요. 이렇게 자원 재생 활동가로 생계를 이어 가는 어르신들이 전국에 최소 1만 5천 명으로 추정되는데요. 세계 어디에도 이렇게 많은 노인이 폐지를 주우러 다니는 나라는 없다고 해요.

동네에서 자주 볼 수 있는 자원 재생 활동가

노인들의 어려운 처지는 통계 숫자로도 나타나요. 우리나라 노인 빈곤율은 2020년 OECD 기준으로 40%예요. OECD 가입국들의 평균은 14.2%로, 비교해 보면 우리나라 수치가 매우 높지요.

우리나라의 노인 빈곤율이 유독 높은 이유는 무엇 때문일까요? 과거에 효(孝) 사상이 강조되고 대가족이 일반적이었던 우리나라의 경우, 자녀가 노년이 된 부모님을 모시는 것은 당연한 일이었어요. 하지만 요즘에는 자녀가 오롯이 부모님을 모시는 일은 쉽지 않아요. 이런 상황에서 개인이 노인을 돌볼 수 없다면 국가가 나서요. 특히 복지 국가를 이룬 선진국에서는 국가가 운영하는 보험인 '연금 제도'로 국민들을 돌보는 경우가 많지요.

우리나라에서도 직장 생활을 하면 의무적으로 국민연금에 가입해서 매달 보험료를 내요. 보통 본인의 월급에서 보험료의 50%를 내고, 회사에서 나머지 50%를 내주는 경우가 많아요. 이것이 적립금처럼 쌓이면 노후에 일하기 어려울 때 연금으로 지급돼요.

그렇지만 아직 국민연금의 혜택을 보는 사람들이 많지는 않아요. 국민연금으로 전 국민이 연금을 내고 받는 대상이 된 것은 1999년으로 20여 년밖에 되지 않았지요. 국민연금은 가입 후에 10년 이상의 충분한 기간이 지나야 혜택을 받을 수 있어요. 그러므로 충분한 가입 기회가 없었던 현재의 노인들은 대부분 연금을 받는 사람이 아니거나 받더라도 적은 돈을 받을 뿐입니다.

전체 노인 중에서도 빈곤한 상황에 놓인 노인을 돕기 위해 2014년부터 우리나라에도 기초노령연금제를 도입했어요. 국민연금에 가입하지 못했거나, 가입했더라도 그 기간이 짧아 충분한 연금을 받지 못하는 노인들에게 연금을 지급하는 제도예요. 만 65세 이상의 노인 인구 중 70% 정도가 이 기초노령연금제의 혜택을 받자 노인 빈곤율이 그나마 조금 낮아졌어요. 하지만 노인 비율이 가파르게 늘어나는 지금, 미래의 노인들을 위한 복지 제도가 어떻게 이어질지 걱정이 됩니다.

많은 사람이 노인 인구 비율이 늘어나는 것을 걱정하는 데는 이유가 있어요. 국가에서는 경제 활동을 할 수 있는 사람의 숫자를 정확히 알기 위해 생산 가능 인구라는 통계 수치를 조사해요. 나이가 너무 어리거나 지나치게 많으면 경제 활동이 어려우므로, 노인들은 대체로 생산 인구에서 제외해요. 그렇지만 인구 고령화를 겪으면 이 생산 가능한 인구가 줄어들기 때문에 노동력이 부족해져요. 더불어 노인들을 돌보기 위한 치료비나 사회 복지 비용 등은 늘어나기 때문에 젊은이들의 부담이 더욱 커져요.

이제 단순히 형편이 어려운 어르신들에게 경제적으로 도움을 주어 노인 빈곤을 해결할 게 아니라, 생각을 바꾸어야 할 필요도 있어요. 어르신들을 돌봄의 대상이 아니라 주된 일자리에서 오랫동안 일할 수 있도록 도와야 해요. 현재 우리나라에도 일하는 노인의 비율이 높은 편이지만, 대부분 임금이 낮은 일자리거나 경력을 살리기 어려운 단순한 일자리에 머무는 경우가 많아요.

일할 수 있는 건강한 노인들이 일자리에 계속 남아 있어야 사회에 좋은 영향을 줍니다. 독일에서는 노인들이 다시 일자리를 구할 수 있도록 고령 근로자를 고용하는 기업에 보조금 혜택을 줘요. 고령 근로자가 직업을 위한 훈련을 받을 때 생기는 비용도 나라에서 부담하지요. 덕분에 노인 취업률이 훨쩍 뛰었어요. 미국의 경우, 일할 수 있는 정년 나이가 예전에는 65세였으나 현재는 70세로 높였고, 1986년에는 몇몇 직업을 제외한 대부분의 직장 내 법정 정년 제도를 완전히 없앴어요. 덕분에 노인의 일자리는 미국 전체의 실업률을 낮추는 데도 큰 힘을 주었지요. 노인을 단순히 '연령대가 높아 돌봄을 받아야 할 사람'이 아니라 새로운 삶을 꾸려 갈 수 있는

노인의 날 행사 플래카드

사회 구성원으로 인정한 것이에요. 이는 고령화가 빠르게 이루어지고 있는 우리에게도 큰 힌트를 주는 제도이지요.

언젠가 우리도 노인이 돼요. 노인의 날인 오늘, 노인이 된 나를 상상해 보거나 거동이 불편한 노인분들을 도우며 함께하는 마음을 키우는 건 어떨까요?

 경제를 위한 실천 행동

- 노인이 되어 즐겁게 할 수 있는 직업을 상상해 보기
- 버스나 지하철에서 어르신들께 자리 양보하기

세계 식량의 날

함께 알아 두면 좋은 날 : 11월 11일 농업인의 날

#아프리카 #기아 #영양실조 #음식물쓰레기 #세계곡물유통기업

누구도 굶주리지 않는 세상을 위해

2022년 나이지리아 포트하커트의 한 마을에서 많은 사람이 목숨을 잃는 큰 사고가 발생했어요. 주민들에게 무료로 음식과 생활필수품을 나눠 주는 행사가 열렸는데 너무 많은 사람이 모여들어 비극이 일어났지요. 사망한 31명 중 어린이나 임산부도 많았기에 더욱 안타까운 소식이었어요. 행사 시작 전인 새벽 5시부터 서로 앞줄을 차지하려고 많은 사람이 몰려들었다는 걸 보면, 이 지역의 배고픔이 얼마나 심각한 수준인지 짐작할 수 있어요.

아프리카에서 가장 인구가 많은 나라인 나이지리아는 전체 인구의 3분의 1이 넘는 8천만 명 이상이 빈곤에 시달리고 있어요. 특히 사고가 일어난 포트하커트는 빈곤율이 40%에 달하지요.

나이지리아만의 이야기일까요? 유엔식량농업기구의 조사에 따르면 콩고, 소말리아, 차드, 마다가스카르, 모잠비크, 동티모르, 에티오피아, 남수단 등 아프리카 국가들은 국민의 3분의 1 이상이 배고픔에 시달리는 '기아' 상태라고 해요. 전세계 인구의 8%가 넘는 7억 명 이상의 사람들이 굶주림으로 하루를 보내고 있는 거예요.

아프리카, 서아시아, 카리브해 등에서 기아 인구가 여전히 늘어나고 있어요. 전 세계에서 기아로 고통받는 5세 이하의 어린이들은 약 500만 명에 달한다고 해요. 이렇게 어린 시절 심각한 영양실조를 겪으면 건강과 성장에 문제가 생길 수 있어요.

지구 한편에서 빈곤한 사람들이 주린 배를 움켜쥐고 힘겨운 시간을 보낼 때, 지구의 또 다른 한편인 선진국에서는 비만으로 인해 일부러 영양 섭취를 줄이는 사람들이 있다는 건 아이러니한 사실이에요. 이런 나라에서는 음식물 쓰레기 처리가 골칫덩어리입니다.

미국의 식품 칼럼니스트 앤드루 스미스가 쓴 책《음식물 쓰레기 전쟁》(2021년)에 따르면 사람들은 해마다 먹기 위해 생산한 식품 중 3분의 1을 버린다고 해요. 이는 14억 톤 정도로, 돈으로 따지면 1조 달러예요. 우리나라 돈으로 약 1,120조 원 정도로 우리나라 예산의 거의 두 배에 맞먹는 돈이지요. 과일이나 채소도 전체 생산량의 45%가 쓰레기통으로 직행한다는 결과도 있어요.

지구상에서 제대로 먹지 못해 굶주리는 7억 명의 사람들, 그리고 영양 과다로 쓰레기통으로 직행하는 음식물을 생각해 보면 혼란스러운 마음이 듭니다. 음식물이 버려지기 전에, 남는 음식물을 가난한 나라 사람에게 나누어 주면 해결되는 일 아닐까요? 생각해 보면 간단한 해결책이 있을 듯한데, 이런 문제는 왜 해결되지 않을까요?

음식물 쓰레기로 버려지는
과일과 채소

많이 알려지지 않은 사실이지만, 세계 곡물 시장을 쥐락펴락하는 세계적인 곡물 유통 기업들이 있습니다. 흔히 ABCD로 불리는 아처대니얼스미들랜드(ADM, Archer Daniels Midland company), 번지(Bunge), 카길(Cargill), 루이스드레퓌스(LDC, Louis

Dreyfus Company), 이 4개 기업이 세계 곡물 시장을 움직이는 '큰 손'입니다. 이 회사들이 전 세계 곡물 시장에서 차지하는 점유율은 80%에 이릅니다. 이 중에서도 세계 1위 곡물 기업 카길의 점유율은 40%로 압도적 1위지요. 이 기업은 곡물을 구입, 재배, 유통하거나 사료 생산, 축산까지 담당하는 거대한 회사예요.

세계 각국이 전쟁을 벌이거나 식량을 무기처럼 쓰기 위해 창고를 걸어 잠그면 곡물 회사는 손해를 볼까요? 오히려 이 기업들은 이득을 봅니다. 곡물은 다른 상품과는 달리 '아무리 비싸져도 어쩔 수 없이 사야 한다'는 특성을 지니고 있으니까요.

예를 들어 등을 긁을 때 사용하는 효자손 가격이 올라간다고 상상해 봐요. 경제에는 아무런 타격이 없습니다. 효자손이 비싸지면 굳이 상품을 살 필요 없이 손이나 다른 긴 도구로 등을 긁으면 되니까요. 그렇지만 쌀이나 밀, 보리 같은 식량 없이 우리의 생명을 유지하기는 어려워요. 따라서 가격이 비싸져도 소비를 줄일 수 없다는 특징이 있지요.

식량이 귀해질수록 글로벌 기업들이 더 큰 이득을 얻는 데에는 이런 이유가 있어요. 곡물의 국제 가격이 낮을 때 사서 곡물 수출 터미널에 보관했다가 가격이 오르면 판매하는 방식으로 이익을 낼 수 있기 때문이에요. 오히려 비싼 값에 곡물을 팔 수 있으니 이들 기업 입장에서는 이득이지요. 굳이 가난한 지역의 사람들에게 식량을 나누어 줄 필요가 없는 겁니다.

그나마 생산된 식량마저도 사람을 먹이는 데 쓰이지 않는 경우도 많아요. 현재 전 세계에 있는 농경지 중 약 80%는 사람이 아닌 소에게 먹이는 사료를 재배하기 위해 사용되고 있어요. 왜 그럴까요? 옥수수와 같은 사료를 생산해서 소에게 먹인 뒤, 그 소고기로 햄버거를 만들어 팔면 더 많은 돈을 벌 수 있기 때문이에요. 굶주리는 사람을 먹여 살리는 것보다 맥도날드나 버거킹 같은 햄버거 회사들이 더 비싼 가격으로 옥수수를 사들일 수 있답니다.

2000년대부터 나타난 에너지 자원의 변화가 식량 사정에

영향을 미치기도 했어요. 옥수수에서 나오는 전분으로 만든 에탄올을 가공해 연료로 사용하는 바이오 연료가 친환경 에너지로 사랑받으면서 생긴 일이었어요. 바이오 연료는 식물이나 동물, 음식 쓰레기 등을 분해하고 발효해서 만든 연료를 말하는데요, 석탄이나 화석 연료보다 이산화탄소를 적게 배출한다는 이유로 새로운 에너지로 주목받았습니다. 대기업들은 아프리카 땅에 옥수수를 심기 시작했지요. 아프리카의 경작지는 사람들을 위한 식량 대신 자동차 연료를 만들기 위한 옥수수 재배지로 탈바꿈했어요. 이로 인해 가난한 나라의 식량 상황은 더욱 나빠졌답니다.

10월 16일은 세계 식량의 날로, 1945년 유엔식량농업기구가 만들었어요. 이날은 전 세계에서 배고픔에 굶주리는 기아를 줄이기 위해 제정된 뜻깊은 날이에요. 앞서 살펴보았듯 식량 생산이 전 세계적으로 부족해서가 아니라 굶주린 사람들에게 골고루 분배되지 않기 때문에 전 세계 곳곳에 식량 문제가 생겨나고 있어요. 불균형의 문제를 해결하려면 무엇보다 사회 구조가 먼저 바뀌어야 합니다. 그렇지만 우리도 작은 실천으로 식량 문제를 도울 방법이 있어요.

고기를 덜 먹고 불필요하게 과잉 섭취하고 있다면 먹는 양을 줄이는 건 어떨까요? 과도한 육식을 줄이는 것도 하나의 방법이에요. 우리가 연간 소비하는 고기의 양은 약 3억 5천만 톤에 달할 정도예요. 프란시스 무어 라페가 쓴《작은 행성을 위한 식사》라는 책에 의하면 미국에서 가축의 먹이를 전부 풀로 바꾸면 1억 3,000만 톤의 곡물을 절약하여 4억이 넘는 추가 인구를 먹여 살릴 수 있다고 해요. 인간의 육식이 곡물을 낭비하게 만들어 누군가를 굶주리게 할 수도 있다는 말이지요.

음식물 쓰레기를 최대한 남기지 않는 것도 하나의 방법이에요. 전 세계에서 음식물 폐기물을 15%만 줄여도 매년 2천 5백만 명의 배를 채울 수 있다는 연구 결과가 있어요. 다른 나라의 음식보다 지역 특산물과 제철 식품, 신선한 음식을 선택하고, 전 세계의 식량 부족 문제가 어떻게 생기는지 관심을 가지는 것도 의미 있는 발걸음이 될 수 있습니다.

💡 경제를 위한 실천 행동

- 과도한 고기 섭취를 줄이고 과일과 채소 먹기
- 식사 때 음식물을 남기지 않고 필요한 식재료나 간식만 구입하기

 셋째 주 토요일

문화의 날

함께 알아 두면 좋은 날 : 4월 18일 세계 문화 유적 및 기념물의 날,
4월 23일 세계 책과 저작권의 날, 5월 21일 세계 문화 다양성의 날

#르네상스 #메디치효과 #부가가치 #케이팝 #한류열풍

메디치가부터 한류 열풍까지, 예술과 경제의 고리

레오나르도 다빈치, 미켈란젤로, 보티첼리. 이 인물들의 이름
을 들어 본 적이 있나요? 이들은 많은 사람이 알고 있는 유
명한 미술 작품을 만든 화가로, 각각 '모나리자', '천지창조',
'비너스의 탄생'을 그렸지요. 세 인물은 유명한 화가라는 것
외에도 15세기에 이탈리아 피렌체를 바탕으로 활동했던 인
물이라는 공통점이 있어요. 그리고 또 하나, 메디치가라는 이
탈리아의 유명한 가문의 후원을 받아 활동한 인물이라는 점
이에요.

　메디치가는 원래 이탈리아의 도시 국가 피렌체에서 금융
업을 하면서 부를 쌓은 사람들이었어요. 특히 교황과 상류층

보티첼리가 메디치가의 후원을 받아 그린 '비너스의 탄생'

의 막대한 자금을 관리하면서 권력을 거머쥐었지요. 이 권력을 통해 메디치 은행은 16개 도시에 지점을 둔 최대 은행이 되었어요.

막강한 경제력을 품은 메디치가는 이때부터 뛰어난 예술가를 후원하는 데 힘써요. 원래 예술가들이 타고난 재능을 마음껏 발휘하려면 영감을 마음껏 펼칠 수 있는 환경이 만들어져야 해요. 다빈치나 미켈란젤로, 보티첼리 등의 르네상스 거장들은 메디치가의 후원 덕분에 생계 걱정을 하지 않고 걸작을 남길 수 있어요. 그뿐만 아니라 메디치가는 유럽 각 지역의 희귀한 책과 오래된 문서를 모아 메디치 도서관을 세웠는데, 이 도서관이 유럽에서 최초로 만들어진 공공 도서관이었어요.

메디치가의 후원은 화가, 조각가는 물론 철학자나 건축가, 과학자 등 유럽 각 지역의 거장들을 피렌체로 끌어모으는 효과를 발휘했어요. 이렇게 다양한 영역의 문화 등이 한곳에서 만나 교류한 덕분에 새로운 문화가 발전하고 뛰어난 예술품과 창조품이 만들어졌어요. 덕분에 이탈리아는 르네상스의 전성기를 맞이하게 되었어요. 이렇게 서로 다른 지식이나 재능을 지닌 사람들이 만나 전혀 다른 분야의 것들이 교차하고 융합해 새로운 아이디어와 창조품이 폭발적으로 늘어나는 현상을 '메디치 효과'라고 부르기도 하지요. 오늘날 우리가 유럽 르네상스 시기의 문화 발전에 대해 이야기할 때 메디치가를 빼놓지 않고 이야기하는 이유입니다. 메디치가의 이야기는 탄탄하게 쌓인 경제력이 문화에 어떤 영향을 주는지 잘 알려 주는 예이지요.

반대로 문화의 힘이 경제 분야에 영향을 미치기도 해요. 서울의 대표적인 엔터테인먼트사 사옥 앞에는 중동이나 동남아, 남미 등 다양한 나라에서 온 외국인 관광객들이 심심치 않게 보여요. 우리나라의 케이팝이 인기를 끌면서 가수들을 길러 내는 엔터테인먼트사에 들르는 것이 하나의 대표적인 관광 투어로 자리 잡았기 때문이에요. 이곳에 들르는 외국인 관광객의 세 명 중 한 명이 20대 젊은 층이지요.

우리나라 강릉 주문진의 한 버스 정류장도 외국 여행객들이 거쳐 가는 관광 코스 중 하나예요. 케이팝 최초로 미국 빌보드 음반 차트 1위를 기록한 방탄소년

방탄소년단의 해외 팬들이 많이 방문하는
강릉 주문진의 한 정류장

단의 앨범 커버 사진 속에 등장한 곳이기 때문이에요. 이처럼 한류 열풍이 불면서 우리나라 곳곳에 젊은 외국인들의 발길이 잦아지고 있어요.

케이팝이나 한류 콘텐츠를 접하면 외국인들은 한국 문화에 자연스럽게 관심을 두게 돼요. 콘텐츠에 등장하는 음식을 먹어 보고 싶고, 촬영지에도 가 보고 싶은 생각이 들지요. 이것이 한국 여행으로 발걸음을 옮기게 하는 매력적인 요인입니다. 한류라는 문화가 관광 수요를 만들어 내는 것이지요. 관광뿐 아니라 우리나라 스타들이나 영화, 드라마 굿즈 등 다양한 상품을 살 수도 있어요. 이렇게 문화의 힘과 파급력은 생각보다 큰 힘을 발휘합니다.

한 보고서에 따르면 2017~2021년까지 5년간 한류 콘텐츠나 케이팝을 통해 새롭게 만들어 낸 부가 가치가 13조 원

이상이라고 해요. 원래 부가 가치란 원재료나 반제품을 가공하면서 만들어지는 가치를 말하지요. 만약 가구 디자이너가 100만 원어치의 목재로 시장에서 150만 원에 팔리는 의자를 만들었다고 하면, 의자를 생산하는 과정에서 덧대어진 가치 50만 원을 부가 가치로 보는 거예요.

그런데 한류와 같은 문화 콘텐츠는 일반적인 상품보다 부가 가치가 큰 편이에요. 관광 수입이나 체험 상품의 수요를 늘리는 동시에 다른 콘텐츠를 소비하게 만들기도 하고, 우리나라의 음식이나 화장품 같은 것들을 널리 알려서 상품 수출을 늘리기도 하지요. 덕분에 이런 상품들을 만드는 기업의 일자리가 늘어나고 문화 콘텐츠 분야에서도 새로운 일자리가 만들어지면서 고용을 늘리는 효과도 톡톡히 발휘하고 있습니다.

문화의 강력한 힘을 실감하는 요즘, 매년 10월 셋째 주 토요일에 돌아오는 문화의 날은 더욱 뜻깊게 느껴져요. 이날은 1973년에 제정된 기념일로 문화 발전의 중요성을 되새기고, 방송이나 영화, 연극 등 대중 매체가 가진 사회적 가치를 되돌아보는 날이에요. 정부에서는 이날을 기념하여 문화 발전에 기여한 공로자들에게 상을 주거나 연극·무용 등 기념 공연과 강연회 등을 개최하기도 해요.

미국의 대표적인 마트에서 케이팝이 흘러나오고, 영국 런던 한복판에서 '한류(HALLYU)'를 소개하는 전시회가 열려도 이상하지 않은 시대가 왔어요. 이때 문화의 힘을 꿰뚫어 본 민족 지도자 김구 선생님이 남긴 명언을 되새겨 봅니다. "나는 우리나라가 세계에서 가장 아름다운 나라가 되기를 원한다."고 말하며 김구 선생님이 강조했던 것은 높은 문화의 힘이었지요. 부드럽지만 강한 문화의 힘이 경제에도 영향을 미치고 있는 지금, 한류 문화를 외국인 친구에게 소개하는 카드 뉴스를 만들거나 글을 적어서 SNS에 올리는 건 어떨까요?

경제를 위한 실천 행동

- 한류 콘텐츠를 소개하는 카드 뉴스를 만들어 SNS에 게시하기
- 영화나 연극, 전시회 등 관람하기

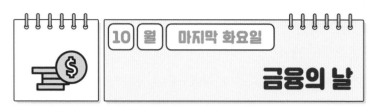

함께 알아 두면 좋은 날 : 10월 31일 세계 금융의 날

#기준금리 #금융 #금리 #이자율 #수요자 #공급자

기준 금리, 나라 경제의 흐름을 바꾸는 숫자

은행은 돈을 빌리거나 목돈을 맡기기 위해 가는 곳이에요. 은행을 뜻하는 영어 단어 BANK는 이탈리아어에서 비롯된 것으로, 원래 좌판이나 테이블을 뜻하는 단어 방코(banco)에서 유래되었어요. 이 단어는 은행의 초기 모습과 관련이 있어요.

유럽의 중세 말기였던 12~13세기에 교통이 발달한 도시를 중심으로 각 지역의 상인들이 모여들어 무역이 이루어졌어요. 원래 오랜 중세 시대 동안 대부분 사람들은 성안에서 필요한 것을 직접 만들어 해결하는 자급자족 경제 속에서 살았지만, 점차 수공업과 상업의 발달로 새로운 기운이 돌기 시작한 겁니다. 그렇지만 지금과 달리 유럽 각 지역은 쓰는 화폐가 달랐고 이것이 자유로운 거래와 교환을 어렵게 만들었어요. 이에 이탈리아 북부의 롬바르디아 지역의 상인들은 여러 지역에서 온 사람들이 제각기 다른 돈을 써서 오는 혼란을 막도록 돈과 돈을 바꿔 주는 환전을 도맡아 했지요.

초기 환전상들은 노점처럼 길거리에서 접이식 탁자와 의자를 깔고 오가는 행인들과 돈을 바꾸는 비율인 환율을 흥정했어요. 이들이 탁자와 의자를 깔고 영업을 했던 모습에서 지금의 은행이 시작되었지요. 크고 거대한 건물 안에 자리 잡은 은행이나 보험 회사를 상상해 보면 조금 초라하게 느껴지지만 의미 있는 시작이었어요. 노점상으로 출발했던 환전상들은 나중에 공장과 사무실을 가진 상인으로 돈을 더 많이 벌었지요. 당시에는 돈을 빌려주는 대출, 돈을 대신 보내 주는 송금 업무도 함께 했습니다.

우리나라에도 은행이 하는 일을 기념하는 날이 있어요. 매년 10월 마지막 화요일인 금융의 날이에요. 저축의 날, 증권의 날, 보험의 날 등도 있었지만 이 모든 날을 모아 2016년에 금융의 날로 통합했어요. 이날은 금융에 대한 관심을 불러일으키고, 금융 분야에서 일하는 사람들을 격려하기 위해 법으로 정한 기념일이에요.

금융이란 말은 무엇일까요? 한자로는 돈을 뜻하는 금(金), 녹인다는 뜻의 융(融)이 합쳐진 말이에요. 돈을 더하고 쪼개고 빌려주고 이자를 받으며 적절한 곳에 쓰이게 하는 모든 일을 뜻하지요. 즉 돈의 형태를 바꾸어 필요한 곳에 적절하게 흐르도록 하는 일 전체를 의미합니다.

만약 누군가가 돈을 주머니나 방구석에만 둔다면 그 돈은 좁은 세계에 머물러요. 그렇지만 금융의 마법을 거치면 돈이 더 쓸모 있고 넓은 세계로 나아갈 수 있습니다. 돈을 회사에 투자하면 주식이 되고, 은행에 넣으면 예금이 되어 기업에 대출할 수 있는 자금이 됩니다. 다른 나라 돈으로 바꾸면 환전이 되지요. 그리고 이런 일을 담당하는 것이 은행이나 증권 회사, 보험 회사 같은 금융 기관입니다.

우리는 살면서 은행에 가서 저축이나 대출을 하든, 보험에 가입하든, 주식 투자를 하든 반드시 금융과 관련된 일을 해요. 이때 많이 듣는 단어가 금리(金利), 이자율입니다. 이자란 다른 사람에게 돈을 빌리는 대가로 치르는 금액을 의미해요. 이것을 빌려준 원금으로 나눈 비율을 이자율, 또는 금리라고 부르지요. 가령 100만 원을 빌린 대가로 1년에 5만 원의 이자를 주기로 약속했다면, 이자율은 연 5%가 되는 거예요. 우리나라 경제가 크게 성장하던 1970~80년대에는 은행 평균

이자율이 10%를 웃돌 정도로 높았어요. 그래서 많은 사람이 앞다투어 저축을 했지요. 그 후 우리나라는 개발 도상국에서 선진국으로 발돋움했고, 경제 안정기에 들어서자 그 정도로 높은 금리는 보기 어렵게 되었지요.

이자율은 어떻게 결정되는 걸까요? 보통은 자금을 거래하는 시장에서 자금을 빌리려는 사람들(수요자)과 빌려주려는 사람들(공급자) 사이의 줄다리기로 결정돼요. 쌀이나 책, 노트북과 같은 일반적인 상품도 사고자 하는 사람이 많으면 값이 올라가고 팔려는 사람이 많으면 값이 내려가는 것과 비슷한 원리입니다. 즉 이자율은 자금을 빌리고 받는 시장에서 결정되는 '돈'의 가격이라고 생각하면 되지요. 이를테면 국가의 경기 사정이 좋지 않으면 기업들은 새로운 투자를 굳이 하지 않으려고 해요. 투자 자금이 필요하지 않으니 은행에서 돈을 빌릴 필요도 없고, 자금을 빌리려는 수요가 적으므로 '자금의 가격'인 이자율도 낮아지게 되지요.

이렇게 정해진 이자율은 자금 시장에서 가격과 같은 신호등 역할을 하면서 돈이 더 흐르게 할지 덜 흐르게 할지 결정하는 역할을 해요. 그래서 국가의 은행인 중앙은행에서는 나라의 공식 이자율인 기준 금리를 정하지요. 경기가 좋거나 나쁠 때 기준 금리를 적절히 조정하면 저축이나 투자의 방향

우리나라의 중앙은행인 한국은행

이 달라질 수 있어요.

보통 경기가 나쁠 때는 중앙은행에서는 기준 금리를 낮춰요. 기준 금리가 낮아지면 그에 따라 일반 은행들도 이자율을 낮춥니다. 보통 사업 자금을 마련하기 위해 은행에서 돈을 빌리는 기업 입장에서는 이자 부담을 덜 느끼고 투자를 늘려요. 여유 자금을 가진 가계에서는 은행에 돈을 맡겨 저축하는 것보다 그 돈으로 소비를 하거나 기업에 투자를 하는 게 낫다고 생각해요. 기업의 투자가 늘어나고 개인의 소비도 늘어나니, 덕분에 나라에는 돈이 더 많이 흐르게 되지요.

반대로 돈이 지나치게 많이 흘러 물가가 상승할 때는 중앙 정부가 기준 금리를 높여 투자와 소비의 고삐를 잡아요.

나라 전체의 기준이 되는 이자율을 정하는 건 그만큼 경제에 미치는 영향이 커요. 그래서 한국은행이 정하는 기준 금리에 많은 사람이 관심을 가지고 뉴스에도 등장하는 거예요.

금융의 날인 오늘, 우리의 생활에도 많은 영향을 미치는 이자율을 살펴볼까요? 용돈 중 일부를 은행에 저축하고 이를 통해 얻을 수 있는 이자를 살펴보는 것만으로도 돈의 흐름을 파악할 수 있답니다.

 경제를 위한 실천 행동

- 예금이나 적금에 가입하여 계좌에 용돈 중 일부를 넣고, 만기 되었을 때의 예상 수익을 계산해 보기
- 최근 6개월간 중앙은행이 정한 기준 금리를 살펴보고 우리나라의 경제 상황이 어떠한지 가늠해 보기

함께 알아 두면 좋은 날 : 3월 셋째 주 수요일 상공의 날

#회계 #투자가치 #재무제표 #회계정보 #분식회계

투명한 회계는 건강한 투자의 첫걸음

온라인으로 옷이나 문구를 사려고 할 때 가장 큰 영향을 미치는 요소가 무엇일까요? 한 카드 회사가 조사한 바에 따르면 사람들이 물건을 살 때 가장 먼저 따져 보는 건 가격이었어요. 46%의 사람들이 제품을 구매할 때 가격을 살펴보고, 그다음으로 상품의 기능과 성능, 품질이나 성분, 소재 등을 따져 본 다음 상품을 구매한다고 말했지요. 온라인 쇼핑으로 티셔츠를 산다고 생각하면 티셔츠의 가격뿐만 아니라 상세 설명을 살펴보고 상품에 대해 자세히 알아본다는 이야기예요.

마찬가지로 주식 시장에서 어떤 회사의 주식을 살 때도 기업의 정보를 알아봐야 해요. 주식은 쉽게 말해 어떤 회사의 소유권을 잘게 쪼개어 그 일부를 사는 행위예요. 제대로 된 기업에 투자하려면 기업에 대해 알아봐야 하지요. 단순히 주식의 가격만 살펴보는 게 아니라 상품을 살 때처럼 그 기업이 작년에 얼마나 벌었는지, 내실이 튼튼한 기업인지, 앞으로 성장 가능성이 있는지 등을 살펴볼 필요가 있어요. 투자는 현재 가치로 미래 가치를 예측하여 돈을 넣는 작업이니까요.

주식에 투자하려면 온라인으로 상품을 구매할 때처럼 관심 있는 기업의 정보를 잘 들여다봐야 해요. 마트에서 물건을 살 때처럼 직접 그 기업을 찾아가 살펴본다고 정보를 캐낼 수 없어요. 그럴 때 들여다보는 것이 기업의 '회계'예요.

회계란 한자로 모일 회(會)와 셀 계(計) 자로 이루어진 단어예요. 한자를 있는 그대로 해석하면 모아서 계산한다는 뜻이지요. 즉 기업이 지출하여 수익을 거두고, 빚을 지고 투자하는 등의 돈의 흐름을 모아서 숫자와 일정한 규칙으로 나타내는 작업이 회계이지요.

이를테면 기업의 경영 성적에 대해서 "올해 우리 회사가 돈을 많이 벌었어요."라고 말로만 전달하면 의사 결정에 도움이 될 수도, 투자자에게 믿음을 심어 줄 수도 없겠지요. 그래서 숫자로 기록을 남겨 '올해 우리 회사의 영업 이익은

100억 원'이라고 쓸 수 있게 회계로 정리하는 겁니다. 기업의 입장에서 작성하는 일종의 가계부나 용돈 기입장과 비슷한 것이지요.

가정에서 가계부를 작성할 때 한 달 수입 내역을 쓰고 한 달 동안의 지출 범위를 정한 다음 그 돈으로 어떻게 생활하고 어디에 돈을 쓸지 계획을 세워요. 이렇게 일상에서 돈을 벌고 다양하게 지출하므로 돈의 흐름에 관심을 가지는 게 중요해요. 기업도 마찬가지예요. 투자 의사 결정을 할 때 자금을 모으고, 나중에 회사의 투자 가치를 평가하기 위해 회계 정보를 이용해요.

기업의 회계 정보는 재무제표라는 보고서를 통해 전달해요. 재무제표는 회사의 경영 성적표나 보고서라고 생각하면

돼요. 기업의 경영 성적이나 현금의 흐름 등 여러 거래 정보를 숫자와 화폐라는 공통된 도구로 측정해 기록한 것이지요. 이 재무제표에 나타난 숫자 덕분에 우리는 기업을 쉽게 이해할 수 있어요.

자동차를 판매하는 회사와 빵을 판매하는 회사 중 어떤 기업의 주식을 살 것인지 비교해 본다고 상상해 봐요. 화폐 단위의 측정이 존재하지 않는다면, 우리는 빵 판매 회사의 수입을 과대평가할 수 있어요. 예를 들어 자동차 판매 회사가 1년간 자동차를 100대 판매했고, 빵을 판매하는 회사는 빵을 10만 봉지 판매했다고 가정해 봐요. 이러한 판매 수량만 비교하면 빵을 판매하는 회사가 판매 활동을 활발히 한 것으로 생각하기 쉬워요. 그렇지만 자동차 1대 가격이 천만 원이고, 빵 1봉지가 1,000원이라면 비교의 기준이 다르지요. 화폐 단위로 측정한 자동차 판매 회사의 판매 활동은 '100대 × 1천만 원 = 10억 원'이 되고, 빵 판매 회사의 판매 활동은 '10만 봉지 × 1,000원 = 1억 원'이 됩니다.

이렇게 화폐 금액을 비교하면 자동차 판매 회사의 판매 활동이 빵을 판매하는 회사보다 10배 정도 크다는 것을 쉽게 이해할 수 있어요. 화폐 단위로 계산한다는 규칙이 있기에 기업의 판매 활동이나 실적을 가장 잘 알 수 있는 성적표의 역할이 가능하지요. 회계 정보는 투자자들이 경제 시스템 안에서 가장 돈을 잘 갚을 수 있는 기업, 다른 말로 효율성이 가장 높은 기업에 투자해 자원을 효율적으로 이용하게 만들어 줘요.

흔한 일은 아니지만 이 기업의 성적표를 눈속임으로 꾸미는 경우도 있어요. 종이 성적표를 나눠 주던 옛 시절, 학생들이 가끔 부모님에게 혼나지 않으려고 점수나 등수를 몰래 수정하여 높이는 일이 있었어요. 회사도 역시 성적을 뻥튀기해 경영 성과가 좋아 보이도록 만드는 경우가 있는데, 이를 '분식 회계'라고 해요. 분식을 한자로 풀면 가루 분(粉)과 꾸밀 식(飾) 자예요. 분가루를 발라 실제보다 근사하게 보이도록 화장하고 꾸미는 것처럼, 실제보다 멋지게 보이기 위해 회계 장부를 고치는 걸 말하지요. 즉 고의로 자산이나 이익 등을 수정하여 회계 장부를 부풀리는 것을 말해요.

2010년대 우리나라의 한 조선사가 분식 회계를 일으킨 사건이 있었어요. 조선사는 선박을 설계하고 만드는 회사예요. 무리한 사업으로 막대한 손실이 발생한 조선사가 재무제표를 조작하여 약 4천억 원의 이익이 발생한 것처럼 허위로 기재했어요. 이렇게 거짓으로 조작한 장부를 이용해 은행으로부터 대출을 받기도 했지요.

나중에 이 조선사의 장부가 거짓이라는 사실이 밝혀지자 회사의 주가는 폭락했고, 주식 거래가 중지되는 일까지 벌어졌어요. 이 회사의 전 대표와 재무 책임자는 이 일로 각각 징역 10년, 7년을 선고받았어요. 성적표의 숫자를 가짜로 고쳐 잘못된 정보를 주는 것처럼, 분식 회계는 기업에 돈을 투자하거나 돈을 빌려준 투자자, 채권자에게 잘못된 정보를 주어 손해를 입힐 수 있으므로 엄격하게 처벌하는 거예요.

회계의 날은 기업에 대해 객관적인 성적표를 제공해야 하는 회계의 중요성을 일깨우기 위해 나라에서 정한 기념일이에요. 투명한 회계는 기업에 대한 믿음을 높이고 투자자들의 의사 결정을 도와 투자를 이끌어 내지요. 경제의 건전한 발전을 위해서는 회계의 과정이 투명하고 객관적으로 이루어져야 해요. 회계의 날인 오늘, 각 기업이 객관적이고 올바른 성적표를 제출하고 있는지 우리 모두가 관심을 가지고 지켜봐야 할 이유입니다.

 경제를 위한 실천 행동

● 기업의 회계와 관련된 신문 기사나 인터넷 글을 읽고 관련 단어의 뜻 찾아보기
● 분식 회계의 사례를 살펴보고 어떤 피해를 일으켰는지 확인해 보기

함께 알아 두면 좋은 날 : 3월 셋째 주 수요일 상공의 날,
12월 3일 소비자의 날

#프랜차이즈 #소상공인 #자영업자 #부채부담

나라 경제의 주춧돌, 소상공인

하루 동안 내가 들렀던 가게나 음식점을 되돌아볼까요? 아침에 편의점에 들러 우유와 삼각김밥을 사 먹고, 빵집에 들러 빵을 샀을지도 몰라요. 대형 문구점에서 펜을 사고, 저녁엔 치킨집에서 치킨을 시켜 먹고 하루를 마무리했을 수 있겠네요. 이때 우리가 이용한 가게나 음식점은 아마 전국 곳곳에 같은 간판을 내건 프랜차이즈였을 거예요.

지금과 달리 1980~90년대만 해도 동네 골목에 작은 슈퍼마켓이나 동네 문구점, 특색 있는 음식점이 옹기종기 자리 잡은 풍경이 익숙했어요. 마트보다 시장에서 물건을 사는 광경을 쉽게 볼 수 있었고요. 이런 가게들은 사람들이 모여들어 이야기를 나누는 정다운 장소로 자리 잡기도 했어요.

이처럼 우리 주변에서 쉽게 볼 수 있는 빵집, 꽃집, 슈퍼마켓, 미용실 등을 운영하는 사람들을 소상공인이라고 해요. 구체적으로는 작은 가게 중에서도 평소 일하는 근로자의 숫자가 10명이 안 되는 기업이나 가게를 일컫습니다.

통계청·중소벤처기업부 발표 자료에 따르면 2021년 기준으로 우리나라 소상공인 사업체 수는 441만 개로, 전체 기업의 99.9%를 차지해요. 종사자 수도 720만 명으로 우리나라 전체 산업 종사자 중 36.8%를 차지하고 있지요. 이를 통해 소상공인이 우리나라 경제에 매우 중요한 존재라는 사실을 알 수 있어요.

앞서 말했듯 소상공인이 저마다 다른 간판을 내걸고 가게를 운영하던 예전과 달리, 이제는 프랜차이즈의 가맹점이 되어 가게를 운영하는 자영업자가 늘어났어요. 프랜차이즈는 가맹 본부, 즉 본사가 가맹점에게 상표와 경영 노하우를 제공하고, 가맹점은 상품과 서비스를 파는 대신 가맹 본부에 수수료를 내는 사업 형태를 말해요.

프랜차이즈의 어원은 프랑스어에서 시작되었어요. 유럽의 중세 시대에는 세금을 매기고 징수하는 커다란 권한을 가진 '프랜차이지(franchisee)'라는 사람들이 있었어요. 프랜차이지는 세금을 부과하고 징수하는 권리를 허가해 준 정부 기관이나 관리에게 자신들이 거둬들인 세금의 일정 부분을 지불했지요. 이 프랜차이즈의 개념이 19세기 미국에서 기업으로 확대되어 오늘날의 프랜차이즈 사업의 뿌리가 되었어요. 프랜차이즈 기업들은 짧은 시간에 적은 비용으로 많은 상품을 판매하기 위해 경영 전략을 적극적으로 적용하여 가맹점을 늘리고 사업을 키워 나가요.

프랜차이즈는 가맹점을 꾸리는 소상공인에게도 도움을 줘요. 본사의 상표를 이용하고 노하우를 건네받으면, 장사에 대한 별다른 경험과 지식이 없어도 성공적으로 장사를 할 수 있기 때문이에요. 대체로 경기가 나빠지면 일자리를 잃은 사람들이 프랜차이즈 시장에 들어와 관련 기업들이 늘어나는 경향을 보이기도 해요.

프랜차이즈 본부

프랜차이즈 기업이 성장하면서 생긴 문제도 있어요. 본부가 가맹점에 지나치게 많은 수수료를 물리거나 부당한 대우를 하는 경우가 있기 때문이에요. 아무리 장사가 잘되더라도 과도한 수수료를 떼서 본부에 보내야 할 경우, 자영업자들의 이익이 줄어들어 심할 경우 장사를 계속하기 어려워져요.

프랜차이즈로 인해 동네 상권의 다양성이 줄어드는 문제도 있어요. 바꾸어 말하면 옛날에는 동네마다 특색 있는 가게와 상품을 선택할 수 있는 권리가 소비자에게 있었다는 뜻이에요. 하지만 이제 사람들은 비슷한 상품과 서비스를 선택할 수밖에 없지요.

만약 프랜차이즈 기업이 시장을 독점한다면 그만큼 상품 가격을 올리기도 쉬워지고 이 역시 소비자의 손해로 고스란히 돌아올 가능성이 높아요. 예를 들어 전국의 커피 전문점이 ○○카페만 남았다고 칩시다. 이 ○○카페가 커피 가격을 한꺼번에 올릴 경우 소비자는 다른 대체할 곳이 없어 비싼 값을 치르고 커피를 마셔야 하는 문제가 생기는 것이지요.

온라인 구매나 음식 배달이 늘어나면 자영업자들의 사정이 더욱 팍팍해지기도 해요. 4차 산업 혁명 시대가 오면서 사람들은 오프라인 매장 대신 온라인 마트에서 장바구니를 채우며 필요한 물건을 사게 되었어요. 각종 배달 앱으로 음식을 배달시키는 것도 익숙한 풍경이 되었지요. SNS를 이용해 가게를 널리 홍보하고 사업 규모를 늘리는 업체도 있지만 온라인 업체의 경쟁력에 밀려 사라지는 자영업자들도 많아요. 배달을 중개해 주는 앱에 내는 수수료도 자영업자들에게는 만만치 않은 부담이에요.

보통 음식 배달 앱을 통해 음식을 시켜 먹으면 주문을 받는 가게는 배달 앱 업체에 수수료를 지불해요. 대표적인 배달 플랫폼인 B 사의 배달 앱은 2023년을 기준으로 1만 원짜리 음식을 배달해 판매하면 가게는 수수료로 적게는 680원에서 많겠는 1,250원을 내고 있어요. 이 B 사는 2021년에 수수료를 인상하여 비판을 받은 적이 있어요. 당시는 코로나19로 외식을 하는 사람들이 줄어드는 바람에 많은 자영업자들이 어려움을 겪는 시기였어요. 그래서 이 배달 업체에 대한 비판이 더욱 커지기도 했어요.

소상공인은 우리나라 경제에 큰 역할을 해요. 이제 막 사회생활을 시작하는 청년들이 비교적 쉽게 창업을 하거나 일자리를 구할 수 있는 곳이 작은 가게나 회사입니다. 그뿐만 아니라 소상공인은 지역 주민들에게 필요한 서비스를 제공하고 지역 특산물을 판매하면서 지역 경제를 살리는 역할도 해요. 그리고 작은 규모이지만 새로운 아이디어로 혁신적인 제품이나 서비스를 만들기도 해요. 소비자들에게 저렴한 가격으로 특색 있고 다양한 제품이나 서비스를 제공하여 서민 경제의 중심이 되기도 합니다. 커다란 나무도 작은 뿌리 하나하나가 제 역할을 하며 살아가듯, 소상공인들도 작은 뿌리처럼 우리나라 경제에 매우 중요한 역할을 하고 있어요.

소상공인들의 어려움은 우리나라 경제에 커다란 타격을 입힐 수 있어요. 2021년에는 코로나19의 영향으로 소상공인 사업체 수(11개 업종)와 종사자 수 모두 전년 대비 줄었고, 사업체들이 떠안은 빚 또한 1억 7,500만 원으로, 평균적으로 늘어난 것으로 나타났어요. 이렇게 소상공인이 줄어들고 빚에 대한 부담이 늘어나는 건, 일자리가 줄어들고 서민들의 부채 부담이 늘어난다는 신호이기도 합니다.

자영업의 사정이 점점 어려워지는 요즘, 매년 11월 5일 소상공인의 날을 기억해 두도록 해요. 이날은 소상공인의 사회적 지위를 높이고 지역 주민과의 관계를 돈독히 하기 위해 정한 법정 기념일이지요. 우리나라 경제의 주춧돌인 소상공인의 이야기에 귀 기울이고, 작은 가게에 응원을 보내 보는 건 어떨까요? 나라 경제의 뿌리를 탄탄하게 만드는 데 작은 도움을 주는 하루를 만들어 봐요!

🔘 경제를 위한 실천 행동

- 동네에 있는 작은 가게나 시장을 이용하여 지역 상권 활성화에 도움 주기
- 내가 자주 이용하는 작은 가게를 주변 사람들에게 소개하기

함께 알아 두면 좋은 날 : 10월 15일 여성 농업인의 날,
10월 16일 세계 식량의 날, 10월 17일 국제 빈곤 퇴치의 날

- -

#자유무역협정 #FTA #풍년의역설

식량은 어떻게 무기가 될까?

설렁탕이라는 음식이 있습니다. 소의 머리, 내장, 뼈다귀, 도가니 등을 푹 삶아서 만든 국 또는 그 국에 밥을 만 음식이지요. 이 설렁탕의 유래에 대해 여러 가지 기원이 있는데요. 그중 하나가 조선 시대의 선농제와 관련 있다는 설이에요.

선농제는 매년 음력 2월, 풍년을 기원하며 신농과 후직이라는 농사의 신에게 제사를 올리던 행사예요. 조선 시대의 중요한 국가 행사였기 때문에 왕이 직접 참여하여 풍년을 기원하는 제사를 주도하고, 직접 쟁기를 잡고 소를 몰아 밭을 가는 친경례라는 의식을 치렀어요. 그 후에는 백성들과 제사에 올렸던 음식을 나누어 먹으며 소통했는데, 이때 소뼈를

고아 만든 국물에 밥을 말아
먹은 것이 설렁탕의 기원이 되
었다고 합니다.

설렁탕

선농제는 조선 시대에 한 해
의 풍년이 나라 경제에 얼마
나 중요했는지 알려 주는 행사
이기도 해요. 농사는 오랫동안
우리나라 경제의 뿌리와 같은 역할을 했지요.

1960년대 이후에는 산업화와 도시화가 이루어지면서 나
라 경제가 농업보다 공업과 서비스업을 중심으로 성장했어
요. 농촌 인구가 도시로 이동하고, 농업의 비중은 줄었지요.
특히 우리나라 정부는 공산품을 다른 나라에 저렴한 가격으
로 많이 수출하려고 일부러 농산물 가격을 낮게 유지하는 정
책을 펼쳤어요. 언뜻 생각하기에 수출과 농산물 가격 사이에
어떤 관련이 있는지 이해하기 어렵지만 이 둘은 깊은 관계가
있어요.

수출품 가격을 저렴하게 유지하려면 물건을 만드는 비용
을 아껴야 해요. 특히 우리나라는 공장 노동자들의 임금을 낮
게 유지하며 저렴한 상품을 만들었어요. 도시에서 일하는 공
장 노동자들의 임금을 낮게 유지하려면 생활비가 적게 들어

야 합니다. 특히 먹는 데 들어가는 비용이 저렴해야 했지요. 이 식비를 낮추기 위해 농산물 가격을 낮게 유지하기도 했어요. 이 과정에서 농민들의 소득이 감소했고 형편이 어려워진 농민들은 농업 일을 그만두고 도시로 더 많이 이동했어요.

1990년대 이후에는 전 세계가 무역을 개방하자는 흐름에 따라 우리나라 농산물 시장도 개방되었어요. 그러면서 농업인들의 어려움이 더 커졌지요. 당시 우리나라는 여러 나라와 FTA라는 것을 맺기 시작했어요. FTA는 자유 무역 협정(Free Trade Agreement)의 약자예요. 계약을 맺은 나라끼리 관세 없이 자유롭게 무역을 하기로 약속하는 것이지요. 관세를 없앤 덕분에 우리나라의 자동차나 전자 제품에 세금을 붙이지 않고

한미 FTA 반대 시위

다른 나라에 쉽게 수출하게 되었어요. 하지만 경쟁력이 약한 농업 분야는 큰 어려움을 맞았지요. FTA를 통해 관세가 인하되면, 외국산 농산물의 가격이 싸지고 소비자들은 국내 농산물을 덜 사게 되어 경쟁력이 떨어져요.

빵과 과자 등에 두루두루 쓰

이는 밀을 미국에서 들여온다고 생각해 볼까요? 미국은 세계 최대의 밀 생산국으로, 연간 약 4,700만 톤 이상의 밀을 생산해요. 반면 우리나라는 연간 약 3만 5,000톤 내외의 밀을 생산하는 데 그치지요. 더불어 미국산 밀은 수확 시기도 길고 대규모로 기계화된 농업을 통해 생산성도 높은 데 반해, 우리나라 밀은 재배 지역과 기후에 따라 품질 차이도 크고 수확 시기도 한정되어 있어요. 이 상황에서 미국산 밀이 관세 없이 저렴하게 들어오면 우리나라의 밀은 경쟁력에서 밀릴 수 있고, 밀 농사를 하던 사람들은 어려움을 겪을 수 있겠지요. 이렇게 해외의 농산물이 싸고 저렴하게 대량으로 들어와 우리나라 농산물의 가격이 낮아졌고, 그 결과 농민들의 소득도 줄어들었습니다.

농사가 잘되어 풍년이 들어도 농민들이 마음껏 웃기 어려운 상황도 있어요. 농산물은 핸드폰이나 전자 기기, 옷이나 문구류와 달리 생산 기간이 길고 기상 조건 등의 영향을 크게 받아 공급량을 마음대로 늘리거나 줄이기 어려워요. 더구나 소비자들이 찾는 식량은 매해 비슷하므로, 값이 낮아진다고 해서 사람들이 사들이는 양이 한꺼번에 늘어나지도 않아요. 그 예로 배추 농사를 들 수 있겠습니다.

배추 농사가 풍년이면 배추를 일부러 폐기하는 농가가 늘어나요. 왜 이런 일이 생길까요? 배추의 생산량이 급증하면 오히려 과잉 생산이 되어 배추가 흔한 것이 되고, 흔한 것은 가격이 확 내려가 손해를 안고 팔아야 하는 경우가 생겨요. 이런 상황을 피하기 위해 농민들이 산지에서 배추를 일부러 없애는 것이지요.

이렇게 풍년이 들었는데도 불구하고 농산물 가격이 하락하여 농민들이 손해를 보는 현상을 '풍년의 역설'이라고 해요. 흉년이 들 경우 작물 생산이 줄어들어 팔기가 어려우니 농사에 들어간 비용만큼도 수입을 올리지 못하는 경우가 생기고, 반대로 풍년이 들면 가격이 떨어지는 상황이라 손해를 보니 농사가 잘되어도 안되어도 각각의 어려움이 있는 거예요.

이런 상황에서 농촌 경제는 어려워지고 농업에 종사하는 사람들의 숫자는 크게 줄어들고 있어요. 1960년대 58.3%에 이르렀던 농업 종사 인구는 2020년 4.5%까지 떨어졌어요. 남아 있는 농업 인구 중에서도 65세 이상 고령 인구가 차지하는 비율이 42.3%를 기록하여 20년 전 21.7%에 비해 두 배나 많아졌지요. 농업에 종사하는 사람들의 나이가 많아지고 젊은이들이 농사에 종사하는 비중이 줄어든다는 걸 알 수 있습니다. 우리나라 농업의 미래가 밝지만은 않다는 사실을 짐작할 수 있지요.

이런 상황에서 우리나라는 식량이 될 만한 농산물의 상당량을 수입에 의존하고 있어요. 2021년 기준으로 우리나라의 식량 자급률은 45.8%예요. 인구 5,000만 명이 넘는 국가 중에서 식량 자급률이 50%가 안 되는 곳은 한국과 일본뿐이에요. 특히 밀이나 콩, 옥수수 등의 곡물을 우리나라 안에서 생산하는 비율은 2021년 기준 19.3%예요. 소비되는 곡물 중 80% 이상을 수입해야 한다는 이야기지요.

국제적으로 유리한 입장을 차지하기 위해 자국에서 수출하는 농산물을 무기처럼 활용하는 나라가 늘어나고 있어요. 인도네시아는 2022년 팜유 수출을 금지했어요. 팜유는 기름야자의 열매를 쪄서 압축해 얻은 식물성 기름이에요. 고소하고 담백한 맛이 나며 발연점이 높아 튀김 요리에 주로 사용해요. 또한 식용유나 마가린, 라면, 과자, 빵, 아이스크림, 초콜릿 등 다양한 식품에 사용해요.

전 세계 팜유 수출의 약 60%를 차지하는 인도네시아

팜유의 원료가 되는
기름야자의 열매

가 2022년 팜유 수출을 금지하자 전 세계 식용유 가격이 급등하고 식량 불안이 심해졌어요. 높은 물가를 잡겠다는 것이 이유였지만 한편으로 국제 시장에서 유리한 위치를 차지하기 위한 행동이라는 의견도 있었어요. 이렇게 식량을 무기처럼 쓰는 나라가 늘어날수록, 우리나라처럼 농산물의 대부분을 수입에 의존하는 나라는 위험해져요. 먹고사는 데 있어서 식량과 농산물은 꼭 필요한 요소이므로 식량 가격이 오르면 생존이 어려워지니까요.

이런 때 농업의 중요성을 기리는 11월 11일 농업인의 날이 더욱 의미심장하게 다가옵니다. 농업인의 날은 농민들의 긍지와 자부심을 높이고 농업의 중요성을 되새기는 법정 기념일이에요. 11월 11일을 농업인의 날로 정한 이유는 십일(十一)의 한자를 합치면 흙 토(土) 자가 되기 때문이에요.

이런 날 우리 땅에서 나고 자란 농산물을 구매해 요리를 하고, 한 끼 식사를 해결해 보는 건 어떨까요?

💡 경제를 위한 실천 행동

- 우리 땅에서 자란 농산물을 구매하여 음식을 만들어 먹기
- 손 편지나 이메일, SNS 등을 통해 농업인에게 감사하는 마음 전하기
- 농업 체험을 하거나 농촌 지역에서 봉사활동을 하기

함께 알아 두면 좋은 날 : 3월 18일 세계 재활용의 날,
12월 3일 소비자의 날

#디드로효과 #밴드왜건효과 #베블런효과 #블랙프라이데이
#과소비 #소비주의 #과잉생산

무분별한 소비를 멈추고 얻는 행복

18세기 프랑스의 철학자 드니 디드로는 어느 날 친한 친구에게 붉은색 새 가운을 선물받았어요. 기쁜 마음에 그는 자신이 오랫동안 입은 낡은 가운을 버리고 세련된 붉은빛의 가운을 서재에 걸어 놓았지요. 그런데 서재 안의 가구들이 문득 초라하게 느껴졌어요. 가운과 어울리지 않는 가구를 바꾸어야 한다고 생각한 그는 책상이나 의자 등 다른 가구를 가운과 어울릴 만한 것으로 하나씩 바꾸었습니다. 결국 서재 안의 모든 가구를 새로 사면서 자신의 경제적 형편에 어울리지 않는 지출을 한 뒤 디드로는 깨달았습니다. 예전에 사용하던 낡은 가운은 자신이 주인으로 소유한 것이었지만, 가

18세기 프랑스의 철학자 드니 디드로

운을 바꾼 뒤로는 붉은색 새 가운에 의해 자신이 지배당했다는 사실을요.

이 이야기에서 비롯된 심리학 용어가 있습니다. 새로운 물건을 갖게 된 후 그 물건과 어울리는 것을 갖고 싶어 하는 마음을 '디드로 효과'라고 불러요. 소비가 소비를 부르게 되는 현상이지요.

앞에서 본 디드로의 소비 행동이 어리석고 엉뚱해 보이나요? 현대 사회에서 소비자들이 불필요한 무언가를 충동적으로 사는 일은 흔히 벌어지는 일입니다. 가게에서 원 플러스 원이라는 문구에 혹해 과자나 티셔츠를 구매하기도 합니다. 친구들이 모두 입는 브랜드의 옷이나 스마트폰을 별다른 이유 없이 사는 청소년들의 모습도 흔히 볼 수 있지요.

원래 경제학에서 오랫동안 믿고 따르던 법칙이 있어요. 사람들은 합리적인 생각에 기초해 판단하고 행동한다는 법칙입니다. 특히 무언가를 살 때 소비자들은 그 상품을 통해 내가 얻을 수 있는 이득과 비용을 비교하고 상품에 대한 정보를 수집하여 구매를 결정하는 합리적인 존재라고 경제학에서는 생각합니다. 가령 10만 원짜리 청바지 하나를 구매할 경우, 내가 얻는 만족감이 10만 원이라는 비용보다 크면 상품을 사는 것이지요.

그렇지만 이 합리성의 법칙이 종종 깨지기도 해요. 친구들의 소비나 유행을 좇아 필요하지 않은 물건을 따라 사는 건 무리에서 뒤처지고 싶지 않고 소속되고 싶은 욕망에 따라 이루어지는 것이지요. '친구 따라 강남 간다'는 속담처럼 고민 없이 남들의 소비에 이끌려 사는 경우가 생기는데, 이런 소비를 '모방 소비' 혹은 '밴드 왜건 효과'라고 불러요. 밴드 왜건은 퍼레이드 행렬에서 가장 앞에 위치하는 합주대 차량을 일컫는 말이에요. 모방 소비 현상을 앞장선 밴드 왜건에 뒤따르는 모습에 빗대어 표현한 것이지요.

어떤 때에는 필요나 쓸모가 아니라 자신의 지위나 경제력을 과시하고 뽐내기 위해 비싼 물건을 사기도 합니다. 그래서 명품 브랜드의 가방이나 시계는 비싸질수록 더 많은 사람들이 찾기도 하는데요. 이를 처음으로 설명한 경제학자의 이름을 따서 '베블런 효과'라고 부르기도 합니다.

때로는 광고가 우리의 마음을 뒤흔들어 존재하지 않던 구매 욕구를 자극하기도 해요. 우리가 볼 수 있는 광고를 자세히 들여다볼까요? TV를 보다 보면 한강이 보이는 아파트나 해안 도로를 달리는 근사한 자동차가 우리를 행복한 삶으로 이끌어 줄 거라는 믿음을 은근히 심어 주는 광고를 종종 볼 수 있어요. 연예인이나 인플루언서들이 공항에 착용하고 나오는 명품 옷이나 가방을 '고급스럽다'고 칭찬하며 그 물건을 사고 싶게 하는 분위기도 있고, 먹방을 통해서 우리의 군침을 자극하는 홈쇼핑 광고도 있지요. 이렇게 광고는 소비자에게 상품을 더 살수록 특별한 존재가 될 거라고, 행복해질 거라고 소비자를 유혹해요. 또 이 상품을 사지 않으면 다른 사람에 비해 뒤처질 거라고 불안을 자극하면서 사람들의 욕망을 끊임없이 자극합니다. 이런 광고를 보며 사람들은 자신도 모르게 구매 버튼을 누르게 되지요.

요즘에는 대규모 할인 행사가 우리를 충동적인 소비로 이끌기도 해요. 미국에는 '블랙 프라이데이'라는 대규모 할인 행사가 있어요. 11월 마지막 목요일인 추수 감사절 다음 날에 시작해 성탄절, 신년까지 이루어지는 대대적인 할인 행사 기간이지요.

원래 블랙 프라이데이라는 말은 소비자들이 쇼핑을 많이 하니, 가게의 장부가 적자를 의미하는 빨간색이 아닌 흑자로 기록된다는 의미에서 비롯됐어요. 사실 한 해를 마무리하면서 남은 재고 물품을 되도록 많이 팔아 한 해 매출 목표를 채우기 위한 기업들의 판매 전략에서 비롯된 행사예요. 실제로 많은 기업이 이 기간에 엄청난 매출을 기록하기도 합니다.

블랙 프라이데이는 상품을 만드는 기업이나 할인 행사를 맞은 소

블랙 프라이데이에 할인 상품을 사기 위하여 가게로 달려 들어가는 사람들

비자에게 기쁜 날일 수 있지만, 한편으로는 불필요한 소비가 대대적으로 이루어지는 날이기도 해요. 대규모 할인 행사 기간에 사는 물건은 우리에게 행복을 줄 수는 있지만, 온갖 종류의 쓰레기를 만들어 내기도 하지요. 이렇게 대량 생산과 공급이 이루어지는 세상에서 상품을 더 사라고 부추기는 사회적 분위기를 '소비주의'라고 해요. 사람들이 중요하게 생각하는 가치의 중심이 소비가 되는 것이지요. 20세기의 대량 생산은 과잉 생산으로 이어지면서 상품의 공급이 소비자의 수요를 초과하고 기업들은 광고를 통해 사람들의 소비를 부

추깁니다. 소비주의는 과소비나 낭비를 일으킬 뿐만 아니라 대량의 쓰레기를 만들어 내기도 하는 것이지요.

과소비와 소비주의에 반기를 들며 만들어진 기념일이 있습니다. 11월 마지막 주 금요일 '아무것도 사지 않는 날'입니다. 이날을 처음 만든 사람은 캐나다의 광고계에서 일하던 테드 데이브예요. 데이브는 1992년 자신이 만든 광고가 불필요한 소비를 유도하는 것에 반성하며 9월에 아무것도 소비하지 않는 날을 만들었습니다. 이후 미국에서는 하루 소비량이 가장 많은 날인 11월 마지막 주 금요일 블랙 프라이데이로 기념일을 옮겼지요. 대한민국을 포함한 전 세계 70여 개 국가가 이날을 기념하고 있습니다.

아무것도 사지 않는 날을 맞이하여 무분별한 소비 행위에 반대하는 사람들

몇몇 사람들은 아무것도 소비하지 않는 날에 단순히 구매를 하지 않는 것에서 벗어나 신용카드를 자르고, 그 카드로 기타 리프를 만드는 등의 행동을 해요. 카트에 아무것도 담지 않은 채 마트를 구경하기도 합니다. 좀비처럼 걸으면서 쇼핑하는 사람들을 쳐다보는 행위 예술을 벌이는 경우도 있지요.

　　우리의 소비를 돌아보는 오늘, 아무것도 구매하지 않고 하루를 지내는 건 어떨까요? 철학자 디드로의 이야기처럼 우리가 사들인 물건을 소유하고 있는지, 아니면 도리어 물건의 지배를 받고 있는지 생각해 보는 것도 좋겠습니다.

 경제를 위한 실천 행동

- 내가 일주일 동안 샀던 물건을 기록해 보고 꼭 필요한 것이었는지 돌아보기
- 물건을 사기 전에 사야 할 물건을 작성하여 충동구매 방지하기

겨울

미리 생각해 보기

① 경제적 대가가 따르지 않는 행위는 가치가 없는 걸까?
   ▶ 12월 5일 자원봉사자의 날

② 선진국과 개발 도상국의 빈부 격차는 왜 생기는 걸까?
   ▶ 12월 19일 국제 남남 협력의 날

③ 수도권으로 인구가 집중되면 어떤 문제가 생길까?
   ▶ 1월 29일 국가 균형 발전의 날

12~2월

12/3			12/5
소비자의 날			무역의 날

	12/5		
	자원봉사자의 날		

12/9		12/19	
국제 반부패의 날		국제 남남 협력의 날	

		1/29	
		국가 균형 발전의 날	

함께 알아 두면 좋은 날 : 3월 15일 세계 소비자 권리의 날,
11월 마지막 주 금요일 아무것도 사지 않는 날
- -
#불매운동 #소비자의권리 #공정거래위원회 #소비자보호원

소비를 통해 찾는 내 권리

'미국'이라는 나라의 탄생 뒤에 차(茶) 불매 운동이 있었다
는 걸 알고 있나요? 18세기 후반까지 미국은 영국의 식민지
였습니다. 그런데 1773년 영국 의회가 식민지 주민들의 동
의 없이 영국에서 미국으로 수입하는 차에 높은 세금을 부과
하는 법을 통과시켰어요. 특히 미국 식민지에서 활동하는 상
인들의 이익을 빼앗고, 영국 정부가 운영하는 기업인 동인도
회사의 이익을 늘리기 위한 세금이었지요.

이러한 불공정한 정책에 미국 식민지 주민들은 깊은 분노
를 느꼈어요. 영국에서 건너온 미국인들에게는 당시 식사 후
에 마시는 차가 필수 음료였습니다. 그래서 차에 대한 세금

을 더욱 억압적으로 느꼈어요. 분노한 식민지 주민들은 영국의 부당한 세금 부과에 맞서 싸우기 시작했습니다. 이것이 차 불매 운동의 시작이었어요. 미국인들은 영국 상품, 특히 차를 구매하거나 판매하는 것을 거부했어요.

이 저항의 물결은 1773년 12월 16일, 보스턴 차 사건으로 이어졌어요. 보스턴 항구에서 미국 시민들이 영국 동인도 회사의 배에 실린 차 상자를 바다에 던지며 항의했지요. 이 일은 1775년 미국 독립 전쟁의 출발점이 되었어요. 차 값이 점점 비싸지자 미국인들은 영국에 항의하는 의미에서 차 대신에 커피를 마시게 되었다고 해요. 차 불매 운동이 미국의 역사와 국민의 취향까지 바꿔 놓은 것이지요. 소비가 정치적 목소리를 내는 하나의 방법으로 쓰일 수 있다는 점도 알 수 있어요.

자본주의 사회에서 소비자 개인의 힘은 상품을 만드는 기

보스턴 항구에서 차 상자를 바다에 던지는 모습

업에 비해 작고 약합니다. 기업은 대규모의 자본과 기술을 보유하고 있고, 상품을 유통하는 방법을 알고 있어요. 상품에 대한 정보를 더 자세하게 알고 있는 것도 소비자보다는 기업이지요. 예를 들어, 화장품에 들어간 성분 중 무엇이 정말 피부에 도움이 되는 것이고 어떤 성분이 피부 건강에 좋지 않은지 더 세세하게 알고 있는 건 소비자가 아니라 화장품 회사예요. 이러한 정보의 불균형은 소비자가 기업의 불공정 행위를 제대로 알거나 대응하기 어렵게 해요. 기업이 만든 광고로 잘못된 정보를 얻을 가능성도 있지요.

이런 이유로 소비자는 때때로 상품을 구매하고 사용하면서 억울하게 피해를 보기도 해요. 대표적인 예가 바로 가습기 살균제 사건이에요. 당시 가습기를 청소하는 살균제에 위험한 성분이 들어 있어 1,700명 이상이 사망하고, 7천 명 이상이 건강에 피해를 보았어요. 신고가 되지 않은 피해자까지 합하면 사망자는 2만 명 이상, 건강 피해자는 95만 명 이상일 것으로 추정하고 있지요.

몇몇 기업에서 가습기 살균제 속에 살균력이 강한 물질을 넣었는데, 문제는 이 물질이 몸속에 들어갈 경우 폐에 손상을 일으킬 수 있다는 사실이었어요. 기업들은 제품의 안전성을 제대로 검증하지 않았고, 소비자에게 안전하다는 허위·과

장된 광고를 했어요. 심지어 이 문제가 제기되자 책임을 회피하기 위해 검사 결과를 조작하려고 시도하고, 피해자들에게 제대로 보상하지 않는 등 무책임한 행동을 보였어요.

원래 소비자는 소비 생활을 할 때 누릴 수 있는 권리가 있어요. 바로 상품 때문에 생명, 신체 또는 재산에 피해를 보지 않을 권리이지요. 그뿐만 아니라 제품의 품질이나 가격, 안전성, 기능 등에 대해 정보를 제공받을 권리가 있어요. 만약 제품이 안전하지 않아 피해를 봤다면 빠르고 공정한 절차에 따라 보상받을 권리도 있지요. 가습기 살균제 사건은 소비자의 이런 권리를 침해받은 사건이에요.

소비자의 권리를 침해받은 경우 우리는 어떻게 해야 할까요? 개별적으로 힘이 약한 소비자는 힘을 모을 수 있어요. 소비자 권익을 보호하고 피해 구제 등을 위한 활동을 하는 것이지요. 앞서 말한 가습기 살균제 사건은 국민의 분노를 불러일으켰고, 소비자 단체와 피해자 가족들이 함께 피해자 구제를 위한 운동을 전개했어요. 국민들도 해당 살균제를 만든 회사의 상품을 불매하는 행동을 벌였지요. 그 결과, 사건을 일으킨 기업과 정부는 피해자 구제에 대해 약속을 했어요.

요즘에는 소비자들이 기업이나 다른 나라의 잘못된 행동, 부당한 상황에 항의하기 위해 관련된 상품을 사지 않는 행동을 벌이기도 해요. 2019년에 일어난 일본 제품 불매 운동이 대표적인 예이지요. 당시 일본은 일제에 강제 징용 피해를 입은 사람들에게 손해를 배상하라는 판결에 대한 보복으로 중요한 원자재의 수출을 금지했어요. 일본의 비양심적인 행동에 화난 우리나라 소비자들은 일본 브랜드의 옷이나 맥주, 자동차 등을 사지 않는 불매 운동을 벌였지요.

2013년에는 유제품을 만드는 한 회사가 대리점 주인에게 욕설과 폭언을 하고 물건을 강제로 사게 하는 등 갑질을 했다는 사실이 알려지면서 불매 운동이 벌어지기도 했습니다. 불매 운동으로 인해 해당 회사의 영업 이익은 전년도 같은 기간에 비해 63%나 줄었고, 주식 가격도 반토막이 되었어요. 공정거래위원회는 이 회사에 과징금 100억 원을 부과하는 등 제재를 가했습니다. 이처럼 소비자들은 다양한 행동을 통해 스스로 권리를 지켜 나가고 있어요.

BOYCOTT JAPAN
'가지 않습니다.'
'사지 않습니다.'
2019년 일본 불매 운동 당시
사용하던 표어

오늘은 12월 3일 소비자들의 권리를 기억하고 다짐하기 위한 소비자의 날이에요. 소비자의 기본적인 권익을 지키고 합리적인 소비 생활을 이어 가기 위해 제정된 기념일이지요. 소비자는 안전할 권리, 알 권리, 선택할 권리, 의견을 반영할 권리, 피해를 보상받을 권리, 소비자 교육을 받을 권리, 단체를 조직하고 활동할 권리, 안전하고 쾌적한 환경에서 소비할 권리가 있습니다. 이 권리를 지키기 위해 정부 기관에서는 공정거래위원회를 설치하여 운영하고 있어요.

공정거래위원회는 소비자와 기업이 서로에게 정당한 대우를 하고, 서로의 이익을 존중하는 거래를 위해 존재하는 기관이에요. 따라서 부당한 행위를 하거나 독점을 누리려는 기업이 있으면 제재하는 역할을 합니다. 우리가 어떤 상품 거래 때문에 부당한 피해를 입었다면 공정거래위원회에 속해 있는 한국소비자원에 신고하여 피해를 보상받을 수 있어요.

오늘은 소비자의 권리와 의무에 무엇이 있는지 살펴보고, 내가 행사할 수 있는 권리로는 무엇이 있는지 생각해 보는 건 어떨까요? 구매 버튼을 누르는 것도 일종의 권리 행사임을 깨닫는다면 뜻깊은 소비가 가능할 거예요.

💡 경제를 위한 실천 행동

- 한국소비자원 홈페이지에서 소비자의 권리와 의무에 대한 정보를 확인하기
- 가습기 살균제 사건처럼 기업이 소비자의 권리를 침해한 사례를 알아보고, 해당 기업이 어떤 법적인 제재를 받았는지 조사하기

함께 알아 두면 좋은 날 : 1월 26일 세계 관세의 날,
5월 둘째 주 토요일 세계 공정 무역의 날

#보호무역 #자유무역 #비교우위 #자유무역협정 #공정무역

자유로운 무역이 우리에게 주는 선물

프랑스 역사상 가장 강력한 왕으로 불렸던 태양왕 루이 14세. '짐이 곧 국가다'라는 말을 외치며 강력한 국가를 만드는 것을 목표로 했던 왕이지요. 강력한 나라를 이끄는 데 중요한 것은 넉넉한 국가의 재정, 즉 나라의 살림살이였어요. 왕을 도울 군대나 관리들을 다스리려면 경제력이 필요했기 때문이에요.

루이 14세는 프랑스를 부강한 나라로 만들기 위해 장 바티스트 콜베르라는 관리를 재무부 장관으로 두었어요. 콜베르는 프랑스 경제의 발전을 위해 강력한 정책을 펼쳤는데요. 국가의 수입과 수출을 엄격히 관리한 것도 그중 하나의 방

법이었어요. 그는 수입을 줄이고 수출을 늘리면 국가에 부가

축적되어 더 강한 나라를 만들 수 있다고 생각했어요.

국가는 수출량을 늘리기 위해 다른 나라에 많이 팔 만한

경쟁력 있는 상품을 장려하면 돼요. 특히 콜베르는 가구나

실크, 고급 의상 등 사치품으로 불리는 것들을 최고로 만드

는 데 힘썼어요. 반대로 수입 상품의 인기를 떨어뜨리기 위

해 수입품에 세금을 매기기도 했지요.

예를 들어 영국에서 프랑스로 수입되는 옷감이 원래 100

리브르라면 여기에 세금을 100% 매겨서 200리브르로 만드

는 식이었어요. 이런 식이라면 영국에서 수입되는 옷감은 프

랑스에서 팔리지 않을 것이고, 인기도 낮아지면서 프랑스의

옷감을 만드는 산업도 보호할 수 있지요. 이처럼 자국의 산

업과 국민 경제를 보호하기 위해 국가가 무역에 개입하여 수

입을 제한하는 무역 방식을 '보호 무역'이라고 해요.

콜베르의 생각대로 보호 무역 정책은 나라를 부강하게 할

까요? 짧게 보면 그럴 수도 있겠지만, 길게 보면 오히려 손해

일 수 있어요. 많은 나라가 프랑스처럼 수출을 늘리고 수입

을 줄이는 방식으로 무역을 하면 소비자들은 자국 제품보다

값싸고 질 좋은 제품을 사용할 기회를 잃어요. 보호 무역은

산업 분야 전체에도 도움이 되지 않지요. 해외의 상품과 경

보호 무역을 주장한 프랑스의 장 바티스트 콜베르(좌)
자유 무역을 주장한 영국의 데이비드 리카도(우)

쟁할 기회가 없어도 나라 안 수요에 기댈 수 있으니 공급업
자들은 더 나은 상품을 굳이 만들 필요가 없습니다. 다른 나
라의 발전된 기술이나 자본을 들일 기회도 없어서 경제 발전
이 제자리걸음을 할 수도 있어요.

보호 무역의 문제점을 알아차리고 자유 무역이 필요하다
고 주장한 경제학자가 있습니다. 18세기 영국의 고전파 경
제학자 데이비드 리카도예요. 리카도의 결론은 '모든 국가는
정부의 간섭 없이 자유롭게 무역을 해도 된다.' 이 한마디로
정리할 수 있습니다.

이때 리카도가 근거로 든 것은 비교 우위예요. 비교 우위
는 각각의 국가가 '상대적으로 잘 만드는 물건에 집중하여
교환하면 된다'는 원리였어요. 상대적으로 잘 만드는 것이란

테슬라 행사장에서 발표 중인 일론 머스크

다른 나라보다 모든 면에서 더 뛰어나야 한다는 의미가 아니라, 각자 자신이 할 수 있는 것 중 제일 잘할 수 있는 것에 집중하면 된다는 뜻입니다.

예를 들어 테슬라의 CEO 일론 머스크와 비서가 있다고 상상해 봐요. 일론 머스크가 비서보다 전기차 만드는 아이디어도 잘 내고 발표 자료도 잘 만든다면 일론 머스크가 혼자서 사업 아이디어도 내고, 발표 자료도 만들며 혼자 일하는 게 유리한 것처럼 느껴질 겁니다. 그러나 자세히 들여다보면 그렇지 않아요. 일론 머스크의 시간에도 제한이 있으니 비서와 협업해 시간을 절약하는 게 좋지요. 비서가 발표 자료를 만들면 그 덕분에 일론 머스크가 시간을 확보하여 더 많은 사업 아이디어를 내는 데 집중할 수 있어요. 그러면 서로에게 도움이 되는 결과를 가져오는 것이지요.

나라 간 무역도 마찬가지입니다. 각 나라가 상대적으로 제일 잘하는 것을 집중적으로 만든 다음, 무역을 하면 도움이 돼요. 리카도는 이 원리를 설명하기 위해 다음과 같은 예를 들었어요. 포르투갈은 영국보다 포도주와 옷감을 모두 효율적으로 생산할 수 있어요. 영국은 포르투갈보다 생산 실력이 뒤처지지만, 옷감과 포도주 중 옷감을 만드는 데 조금 더 실력이 있지요. 영국은 옷감을 집중적으로 만들어 포르투갈의 포도주와 교환해 이득을 얻습니다. 포르투갈 역시 포도주를 만드는 데 집중해서 영국이 만든 옷감과 교환하면 이득을 얻을 수 있어요. 이렇게 모든 나라는 특정 상품에서 비교 우위를 가지니, 더 잘 만드는 것을 생산하고 나라 간 상품을 교환하여 이득을 얻을 수 있어요.

비교 우위에 따르면 모든 나라가 각자가 더 잘 만들 수 있는 것에 집중하면 충분하니, 국가가 무역에 간섭하거나 관세를 높게 매길 필요가 없어요. 이렇게 정부가 외국과 무역을 할 때 아무런 간섭이나 보호를 하지 않고 자유롭게 놓아두는 방식을 '자유 무역'이라고 해요.

20세기 이후에는 리카도가 이야기했던 자유 무역의 중요성이 더욱 강조되었어요. 이 분위기 아래에서 1995년에는 자유롭고 공정한 무역 시장을 위해 세계무역기구(WTO, World Trade Organization)를 만들었어요. 나라 간 1 대 1로, 또는 1 대 다수로 자유 무역 협정, 즉 FTA를 맺기도 했지요. FTA는 서로의 무역을 자유롭게 하기 위해 체결하는 협정이에요. 나라 간 무역에 따른 관세의 비율을 낮추고, 나라 간 투자를 자유롭게 하도록 협정을 맺는 것이지요.

그러나 자유 무역의 논리가 늘 옳은 것은 아니에요. 자유 무역 역시 '공정한 게임'이 밑바탕에 깔려야 하는데 그렇지 못한 경우도 있기 때문이에요. 아프리카에서 자동차를 만들어 미국에서 만든 자동차와 경쟁한다고 상상해 봐요. 많은 기술과 자본을 보유한 미국과 이제 갓 자동차를 만들기 시작한 아프리카의 자동차 산업이 정면으로 부딪치면 십중팔구 미국의 자동차가 이길 거예요.

아프리카에서는 옥수수를 만들어 팔고 미국은 자동차를 만들어 파는 등 서로 가장 유리하게 잘 만드는 것을 교환하면 서로에게 도움이 될 거예요. 하지만 이런 방식이면 아프리카는 저렴하게 만든 원재료나 농산물만 수출해야 하니 불리한 처지가 되겠지요. 또한 자유 무역의 방식대로면 외국보다 뒤떨어진 산업 분야는 생산이 감소하고 그 산업에 종사하던 사람들은 일자리를 잃을 거예요.

자유 무역의 이로운 점만큼 부작용도 있다는 사실을 깨달은 사람들이 주장하는 건 공정 무역이에요. 경제적으로 불리한 위치인 개발 도상국의 생산자들과 노동자들에게 제대로 된 가격과 조건을 보장하자는 움직임이지요.

　　12월 5일은 무역의 중요성을 기억하고 무역 관련 일에 종사하는 분들의 노력을 되새기는 기념일이에요. 무역은 나라 경제와 세계 경제 상황에 큰 영향을 미치는 만큼 관심을 기울여야 하지요. 무역의 날인 오늘, 무역 관련 기사를 살펴보고 그 안의 용어가 가진 뜻을 찾아보는 건 어떨까요? 공정 무역을 통해 수입된 상품을 찾아보고 구매해 보는 것도 더 나은 경제를 위한 첫걸음이 될 거예요.

 경제를 위한 실천 행동

- 무역과 관련된 기사를 찾아 읽어 보기
- 공정 무역을 통해 수입된 상품을 찾고 구매하기

함께 알아 두면 좋은 날 : 6월 14일 세계 헌혈자의 날

#검은재난 #자원봉사 #국내총생산

자원봉사의 가치, 돈으로 따질 수 있나요?

우리나라 서해에는 '태평하고 편안하다'는 뜻의 태안(泰安)이라는 지역이 있어요. 예부터 기후가 온화하고 먹거리가 풍부하며 자연재해가 없어 주민들의 삶이 편안하다는 뜻에서 붙은 이름이지요. 이 지역은 아름다운 갯벌과 모래 언덕, 갯벌, 습지, 바위와 크고 작은 섬들로 이루어져 있어요.

이러한 아름답고 평화로운 태안 앞바다에 '검은 재난'이 찾아온 적이 있어요. 2007년 12월 7일 이곳에 정박해 있던 해상 크레인과 홍콩의 유조선인 허베이스피릿호가 만리포 앞바다에서 충돌한 것이 원인이었어요. 이 사고로 유조선에 실려 있던 원유 1만 2,547㎘가 유출되었고, 이로 인해 청정

해역인 태안 앞바다가 순식간에 검게 물들었지요. 태안에서
만 양식장 380곳, 해수욕장 15곳, 섬 24곳이 기름에 뒤덮였
어요.

얼마 후 태안 앞바다는 특별 재난 지역이 되었어요. 기름
에 노출된 물고기들이 떼죽음을 맞아 해변가를 나뒹구는 장
면이 뉴스에 등장했지요. 이 사건은 우리나라 역사상 최악의
기름 유출 사고로 기록되었습니다.

그렇지만 최악의 기름 유출 사고는 재난으로만 남지 않았
어요. 놀라운 광경이 이어졌기 때문이에요. 소식을 접한 수많
은 자원봉사자들이 전국에서 달려왔어요. 하루 6만 명 이상
의 자원봉사자들이 기름을 닦고 오염된 모래를 걷어 냈지요.
2008년 6월까지 총 123만 명의 자원봉사자가 이곳을 찾았
고, 덕분에 피해 지역 가운데 상당수가 옛 모습을 되찾았어

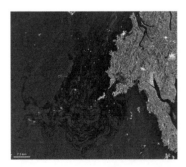

사건 당시 기름 유출로 검게 물든 태안 앞바다의 위성 사진(좌)
자원봉사자들이 수거된 기름을 옮기는 모습(우)

요. 10여 년이 지난 지금, 수많은 사람들의 노력으로 태안 바다의 검은 기름띠는 사라졌습니다.

당시의 광경을 되돌아보면 물음표가 머릿속을 떠돌아요. 태안 앞바다를 찾았던 자원봉사자들은 돈을 한 푼도 받지 않았어요. 오히려 양동이와 고무장갑을 사 들고 피해 지역을 찾아가 대가 없는 봉사를 했지요. 왜 그랬을까요?

경제학에 따르면 모든 사람은 어떤 행동으로 얻는 '편익' 과 잃는 '비용'을 계산하여 행동해요. 이런 관점에서 보면 자원봉사자들은 시간과 비용이 들더라도 공동체의 문제를 해결하고 사회에 공헌한다는 뿌듯함이나 만족감이 있기에 시간과 비용을 들여 봉사를 하는 것이지요.

결과적으로 이러한 이타적인 행위는 사회 전체에 이득을 가져옵니다. 예를 들어, 자원봉사자가 독거노인에게 먹을거리를 나눠 주는 봉사활동을 하면, 사회 복지 서비스의 질이 높아지면서 도움이 필요한 곳에 적절한 자원이 분배되는 효과를 가져오지요.

그러나 자본주의 사회에서 봉사활동의 가치를 제대로 헤아리기는 쉽지 않아요. 경제적 대가를 받고 시장에서 교환할 수 있는 행위를 가치 있는 것이라 여기기 때문이에요.

경제학의 아버지라 불리는 애덤 스미스는 개개인이 자신

소외된 이웃에게 전달할 김장 김치를 담그는 자원봉사자들

의 이득을 얻기 위해 하는 이기적 행위가 시장에서의 거래와 교환으로 이어져 사회 전체의 행복을 만든다고 믿었어요. 그래서 경제학에서는 '경제적 대가를 받고 시장에서 이루어지는 교환'을 주요 연구 대상으로 삼았지요. 집에서 아이나 노인을 돌보는 것보다 회사에서 일하는 행위를 더 가치 있는 것으로 보고, 집에서 정원을 가꾸는 것보다 식물을 길러 바깥에 파는 행동을 더 쓸모 있는 일이라고 생각한 거예요. 세상에서 말하는 쓸모는 흔히 경제적 대가를 기준으로 측정한 것이지요.

한 나라의 경제 규모를 재는 국내 총생산을 구할 때도 비슷한 상황이 벌어져요. 국내 총생산은 한 나라의 생산 활동이 얼마나 활발히 이루어지고 있는지, 그 규모가 얼마나 큰지 가늠할 때 쓰이는 중요한 지표예요. 그렇지만 국내 총생산에 포함되는 건 시장에서 교환되는 것의 경제적 가치예요. 가령 우리가 정원에서 멋진 식물을 기르고 그냥 감상하면 국내 총생산에 포함되지 않지만, 그 식물을 시장에 내다 팔고 그 거래가 장부에 남으면 이 행위는 국내 총생산의 생산 활동에 포함됩니다.

당연한 듯 보이지만 의심하고 질문을 던져 볼 만한 부분이에요. 국내 총생산이 늘어나는 건 한 나라의 경제 규모가 커졌다는 의미이기도 하고, 국민의 삶의 질이 나아졌다는 신호로도 볼 수 있어요. 그렇지만 국내 총생산도 한계가 있어요. 아이를 낳아 사랑을 주며 기르거나 텃밭이나 정원을 가꾸며 행복을 얻는 행위, 다른 사람을 도우며 사회에 공헌하는 행위는 우리 삶을 값진 것으로 만들어요. 하지만 국내 총생산은 이걸 제대로 계산하지 못해요. 오히려 우리 삶의 질을 떨어뜨리는 상황에서 국내 총생산이 늘어나는 일도 벌어집니다.

예를 들면 화학 공장에서 제품을 생산하는 경우 생산 과정에서 다양한 오염 물질이 발생해요. 이러한 오염 물질은 대기와 수질을 오염시켜 환경에 악영향을 미칩니다. 그렇지만 화학 공장에서 생산하는 제품이 인기가 있어 생산량이 증가하면 국내 총생산은 늘어나는 역설적인 상황이 일어나지요.

경제 성장이나 돈을 벌기 위한 행동이 최고라는 생각도 다시 한번 되짚어 봐야 해요. 이런 사고방식 아래에서는 자원봉사처럼 '세상을 더 살 만한 곳으로 만드는 값진 일임에도 대가가 따르지 않는 행위'는 삶의 우선순위에서 뒤로 밀립니다. 모두가 내 앞가림을 위해 노력함에도 세상이 팍팍해지는 문제도 나타나지요.

우리나라 사람들은 자원봉사를 삶의 여유가 있을 때나 할 수 있는 여가 활동, 취미 활동 정도로 생각하는 경우가 많아요. 그러나 자원봉사에 참여한 사람들이 늘어난다는 건 사회에 보이지 않는 끈을 하나 더 늘린다는 의미예요. 이 끈이 촘촘히 연결될수록 어려움에 빠진 사람들을 일으켜 주는 힘을 발휘할 수 있어요. 연대의 끈은 다른 사람을 돕기도 하지만,

농촌 일손 돕기 행사에 참여한 자원봉사자들

예상치 못한 순간 도움을 받는 것이 내가 될 수도 있어요. 연대감이 단단할수록 사람들은 세상을 더 살 만한 곳으로 느낀다는 연구 결과도 있지요.

12월 5일은 자원봉사자의 날이에요. 자원봉사 활동에 대한 국민의 참여를 높이고, 자원봉사자의 의욕을 북돋기 위한 날이지요. 자원봉사자의 날인 오늘, 공원이나 하천에서 쓰레기를 줍거나, 버스나 지하철에서 자리를 양보하거나, 도서관에 도서를 기증하는 등 본인이 할 수 있는 가장 작은 움직임부터 시작해 보는 건 어떨까요? 대단치 않아 보이는 작은 행동도 세상을 더 살 만하고 값진 곳으로 바꿀 수 있으니까요!

 경제를 위한 실천 행동

- 공원이나 하천에서 쓰레기 줍기
- 아름다운가게, 굿윌스토어 등에 더 이상 입지 않는 깨끗한 옷, 안 읽는 책 등을 기증하기

12월 9일

국제 반부패의 날

함께 알아 두면 좋은 날 : 2월 20일 세계 사회 정의의 날,
9월 15일 세계 민주주의의 날

#파켈라키 #뇌물 #국제투명성기구 #부정부패 #합리적무시
#유엔반부패협약

부정부패가 없는 세상을 만드는 방법

그리스는 따사로운 햇볕과 쾌적한 지중해성 기후로 유명한 나라예요. 그리스에서 부자 동네로 소문난 에칼리라는 곳이 있어요. 집집마다 개인 수영장을 만들어 놓은 고급 주택이 많은 지역이지요. 2015년 당시 이 부자 동네에서 정부가 집계한 수영장의 숫자는 324개 정도였다고 해요. 어느 날 그리스 관청에서 이 지역의 위성 사진을 통해 수영장으로 보이는 파란색 사각형을 세 보았어요. 그랬더니 놀랍게도 관청에 신고된 숫자의 50배에 달하는 약 17,000개의 수영장이 있는 것으로 확인됐어요. 이런 일이 벌어진 이유는 세금 때문이었어요. 그리스에선 개인이 수영장을 보유할 경우 1년에 500

유로, 우리돈으로 약 70 만 원의 세금을 내야 하는 데, 사람들이 세금을 내지 않기 위해 수영장이 있다는 사실을 일부러 신고하지 않은 것이지요.

많은 부자들이 세금을 피할 수 있었던 데에는 '파켈라키(fakelaki)'라는 문화가 숨어 있어요. '작은 봉투'라는 의미의 이 말은 부탁이나 청탁을 하면서 돈봉투를 전하는 그리스의 관행을 뜻하지요. 이 파켈라키 문화로 인해 세금을 제대로 내는 사람이 바보로 여겨지는 것이 그리스의 일상이에요. 수술을 받는 환자라면 수술비 외에도 의사에게 돈봉투를 미리 주어야 안심하고 수술을 맡길 수 있습니다. 파켈라키를 건네며 시험을 보지 않고 운전면허 자격증을 따거나 불법으로 건축 허가를 받는 사람도 있어요. 국제투명성기구(TI, Transparency International)에 의하면 뇌물이 일상화된 그리스에서 한 해 동안 그리스 사람 한 명이 평균 1,500유로, 우리돈으로 180만 원을 뇌물로 썼다는 결과가 있어요. 뇌물이란 원하는 것을 얻기 위해 불법적으로 다른 사람에게 돈이나 물건을 건네는 행위이지요.

파켈라키 문화는 부패한 나라 상황을 잘 보여 주는 사례예요. 부패는 한자로 썩을 부(腐)와 무너질 패(敗)로 이루어져 '썩어서 무너지다'라는 뜻을 담고 있어요. 영어로는 'Corruption'이라고 하는데, 이 단어는 라틴어 'Cor(함께)'와 'Rupt(파멸하다)'의 합성어인 '함께 파멸하다'는 의미에서 왔어요. 허물어지고 썩어서 함께 사라진다는 뜻이지요.

이 말대로 부패는 사회를 병들고 무너지게 해요. 2015년 그리스도 이 문제로 국가 파산 위기에 이르렀어요. 물론 그리스 경제 위기의 가장 큰 원인은 화폐와 물가 문제에 있지만, 그리스의 부패와 탈세도 큰 역할을 했지요. 미국 내 영향력이 가장 큰 사회과학 연구소인 브루킹스연구소도 그리스 국내 총생산의 최소 8%인 200억 유로(24조 원)가 탈세와 부패로 사라지고 있다고 분석했어요.

이처럼 부정부패는 경제 성장의 걸림돌이에요. 부정부패가 만연한 나라에서는 의사의 진료를 받거나 좋은 학교에 입학하는 일에도 불법적인 돈을 건네야 하지요. 그러니 반드시 필요한 사람에게 의사의 진료나 교육 서비스가 돌아가지 않고, 뒷돈을 준 사람에게 혜택이 돌아가요. 특정 계층에게 유리한 세상이 되어 불평등한 상황이 당연해져요. 그리스의 경우처럼 불필요한 뇌물에 돈이 새서 제대로 세금을 거두기 어

순위	국가명	점수
1	덴마크	90
2	핀란드	87
3	뉴질랜드	85
4	노르웨이	84
5	싱가포르	83
6	스웨덴	82
6	스위스	82
16	일본	73
24	미국	69
32	대한민국	63

국제투명성기구에서 발표한 2023 부패 인식 지수로,
점수가 높을수록 청렴도가 높다.

려워졌고, 이를 알게 된 국민들도 세금을 제대로 내지 않아 나라 살림살이가 빠듯해졌어요. 사람들의 불만이 커지자 갈등이 깊어졌고, 정치적으로도 불안정해졌지요.

부정부패가 나라 경제를 어렵게 하고 국민에게 피해를 고스란히 입힌다는 게 분명한데도 왜 이런 상황을 쉽게 바꾸기 어려울까요? 공공 선택을 연구하는 미국의 경제학자 제임스 M. 뷰캐넌은 이런 현상의 원인을 '합리적 무시'라는 단어로 설명했어요. 합리적 무시란 개인이 얻는 이익에 비해 들여야 하는 노력이 커 보여서 사람들이 부당한 일에 항의하지 않고 못 본 척 무시하는 현상을 말해요.

예를 들어 어떤 회사가 정부의 몇몇 사람에게 뇌물을 주고 철도를 독점으로 운영하는 권리를 따내는 상황을 상상해 볼까요? 이렇게 불법적으로 건네야 하는 뇌물이 10억 원 정도라면 독점권도 매우 높을 거예요. 이 회사는 열차 요금을 올려 1년에 100억 원의 수익을 얻을 수 있다고 가정해 봅시다. 그럼 뇌물을 건네는 데 적극적이겠지요. 반면 주민들은 이 회사가 철도를 운영해서 열차 요금을 올릴 경우 한 사람당 1만 원씩 열차 요금을 더 내야 해요.

이 사실을 안 주민들은 분노해 반대 운동을 벌이기로 하지만 어려움이 있어요. 정부에 의견을 전달하고 뉴스나 신문에 이것이 잘못된 일임을 알리려면 주민들도 일정한 돈과 시간을 써야 해요. 항의에 필요한 돈이 1억이라면 주민 100명을 모아도 한 사람당 100만 원이라는 큰돈을 써야 합니다. 개인이 부담하기에는 돈이 너무 많이 들지요. 1만 명 정도 주민을 모아 항의를 한다고 하면 비용을 줄일 수 있겠지만, 수많은 사람의 의견과 구체적인 행동을 하나로 모으는 건 어려워요. 주민들 입장에서 1만 원 이득을 보자고 100만 원씩 쓰는 건 똑똑하지 못한 행동으로 보이고요. 이 때문에 주민들은 만 원을 아끼자고 신경을 쓰는 게 힘들어서 철도 독점권 반대를 포기해요. 다수이기에 오히려 '만 원 정도면 손해 보고 말지'라는 생각으로 부당한 피해에 눈감는 거지요.

그렇지만 부정부패에 눈감거나 투표를 포기하면, 소수의 특권층이나 불법으로 이득을 따내는 기업과 단체가 나라를 지배하는 걸 돕게 되고, 결과적으로 국민 모두에게 극심한 손해가 돌아가요. 개인에게는 기권이 합리적인 선택이지만, 이런 행동을 모두 합하면 다수에게 손해가 가는 일이 벌어져요. 정치에 대한 무관심이 결국 민주주의를 침해할 뿐만 아니라 경제 발전을 저해하고, 결국 나의 피해로 돌아온다는 걸 기억해야 합니다.

12월 9일은 유엔에서 정한 국제 반부패의 날이에요. 2003

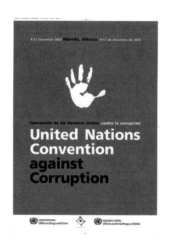

2003 유엔 반부패 협약 홍보 포스터

년 12월 9일, 각국 대표들이 모여 '유엔 반부패 협약'에 서명한 날이지요. 뇌물이나 횡령, 사기 등 부패를 척결하기 위해 이와 관련된 문제를 국제법으로 처벌할 방안을 마련한 거예요. 이날을 맞아 세계 각국에서는 부패의 심각성과 부패 퇴치의 중요성을 알리는 다양한 행사가 열립니다.

이날 부패를 없애고 청렴한 세상을 만들자는 내용의 카드 뉴스나 표어 등을 만들어 SNS에 올려 보는 건 어떨까요? 국제 반부패의 날을 기념해 지역 사회에서 열리는 다양한 캠페인에 참여하는 것도 정치에 관심을 기울일 수 있는 좋은 방법입니다.

 경제를 위한 실천 행동

- 국제 반부패의 날을 기념하는 다양한 캠페인에 참여해 보기
- 부정부패를 막기 위해 만들어진 김영란법 등의 구체적인 내용을 살펴보기

국제 남남 협력의 날

함께 알아 두면 좋은 날 : 11월 20일 아프리카 산업화의 날,
12월 20일 국제 인간 연대의 날

#북반구 #남반구 #선진국 #개발도상국 #남남협력

왜 풍요의 몫은 남반구에 적게 돌아갈까?

세계 지도나 지구본을 자세히 들여다본 적이 있나요? 가끔은 대륙 안에 많은 나라들이 서로 다른 모양새로 자리 잡은 걸 보면서 신기한 마음이 듭니다. 그런데 세계 지도를 자세히 보면 흥미로운 사실을 발견할 수 있어요. 우리가 흔히 말하는 선진국과 개발 도상국이 각 대륙에 고르게 분포되어 있지 않다는 사실이지요. 선진국이라 불리는 유럽 국가와 미국, 캐나다 등은 몇몇 대륙에 유독 모여 있어요. 특히 호주와 뉴질랜드 같은 나라를 제외하면 선진국들이 대체로 둥그런 지구의 위쪽, 북반구에 자리 잡고 있습니다. 반면 적도 근처나 남반구에 있는 아프리카, 라틴아메리카 대륙은 대부분 개발 도상국이 자리 잡고 있어요.

북쪽에는 주로 공업화를 이룬 선진국이 있고, 남쪽에는 아프리카나 남아메리카의 국가 등 개발이 덜 된 국가들이 있는데, 이를 전 지구의 차원에서 남북문제라고 해요. 이는 선진국과 개발 도상국 간의 경제적 격차를 일컫는 말로, 주로 북반구에 위치한 선진 공업국과 적도 부근 및 남반구에 위치한 개발 도상국 사이의 경제적 격차를 이야기해요.

이러한 상황은 숫자로도 드러나요. 세계은행의 2021년 보고서에 따르면 2021년 기준으로 남반구에 있는 개발 도상국의 1인당 GDP는 북반구 선진국의 1인당 GDP의 약 3분의 1 정도예요. 평균적으로 아프리카 대륙에 사는 사람 중 약 40%는 빈곤 상태에서 살아가는 데 북반구의 유럽이나 미국, 캐나다 등의 빈곤율보다 훨씬 더 높은 수치예요.

글자를 모르며 살아가는 사람들의 비율인 문맹률도 마찬가지입니다. 유네스코통계연구소의 2022년 자료에 따르면 남반구에 위치한 아프리카 대륙의 평균 문맹률은 32%예요. 북반구에 위치한 우리나라의 문맹률은 1% 미만, 유럽의 문맹률은 평균적으로 약 2.5%, 미국은 4% 정도지요.

북쪽에 주로 위치한 유럽이나 미국 등 선진국에서는 과도한 영양 섭취 때문에 당뇨병이나 심혈관 질환, 비만으로 사망하는 사람들이 있어요. 하지만 남반구에 위치한 개발 도상국에서는 영양 부족이나 위생 문제 때문에 말라리아, 결핵, 콜레라 등으로 사망하는 사람들이 많아요. 어떤 나라에서 태어나느냐에 따라 삶도 죽음도 다른 방식으로 이루어지는 것이지요.

지구의 남북을 가로지르는 이 문제는 제법 오래된 역사가 있어요. 16세기부터 20세기 초까지 유럽과 미국 등의 북반구에 있는 나라들은 남반구에 위치한 아프리카와 라틴아메리카 등을 식민지로 삼아 착취했어요. 식민지 지배는 이들 국가의 경제, 사회, 문화에 심각한 후유증을 남겼지요. 당시 유럽이나 미국은 아프리카나 아시아에 주로 커다란 농장을 짓고 원주민들을 노예로 부리며 사탕수수, 커피, 목화, 고무 등을 생산했어요.

이렇게 만든 상품들은 주로 수출용이었기 때문에 문제도 있었어요. 사탕수수를 아무리 생산해도 그걸로 설탕을 만들 수 있는 공장과 자본, 기술은 쌓을 수 없었지요. 결국 개발 도상국들은 사탕수수를 싼값에 수출하고 비싼 값에 선진국에서 만들어진 설탕을 수입해야 하는 불리한 처지가 된 거예요.

2차 세계 대전 이후 많은 개발 도상국들이 독립을 했어요.

아프리카의 일부 나라에서는 깨끗한 물을 마실 수 없어 고통받고 있다

그러나 불리한 상황은 이어지고 있지요. 자본이나 기술을 쌓을 틈도, 공장이나 도로 등 생산에 필요한 시설도 제대로 갖추지 못했기 때문이에요. 여전히 남반구의 개발 도상국은 북반구의 선진국에 헐값으로 천연자원을 수출하고, 비싼 가격으로 선진국의 자동차와 스마트폰 등을 수입해야 하는 입장이에요. 이 과정에서 불공정한 무역은 계속되고 경제 격차도 점점 심해지고 있지요. 자원이 풍부하지만, 이러한 자원을 개발하고 활용하는 기술과 인프라가 부족하니 부를 제대로 쌓기 어렵고, 선진국의 다국적 기업들이 식민지였던 남반구 나라들의 경제를 휘어잡고 있어요.

남북문제는 기후 문제와도 관련이 있어요. 남쪽의 나라들은 무역 격차를 메우기 위해 과도하게 삼림을 베어 내고 그 자리에 플랜테이션 농장을 만들었어요. 플랜테이션이란 자본과 기술을 지닌 유럽인이나 미국인들이 현지인의 값싼 노동력을 이용하여 농산물을 대량 생산하는 경영 형태를 뜻해요. 이 과정에서 토양의 질이 나빠지고 이 때문에 농사짓기도 힘든 곳이 되었지요. 흉작으로 농촌 사회가 빈곤해질수록 개발 도상국의 사람들은 도시로 들어가요. 도시에 사람이 몰리면서 실업과 질병 문제가 심해졌지요. 이렇게 남반구의 아마존이나 아프리카의 삼림이 사라지는 가운데 기후 문제가 더욱 심각해지고 있어요.

남북문제를 해결하는 것은 쉽지 않습니다. 자본이 부족한 개발 도상국이 스스로 벌기 어려운 능력이니 경제 발전을 이루려면 북반구에 위치한 선진 공업국의 도움을 받아야 하는 경우가 많아요. 그렇지만 외국에서 돈을 빌리거나 지원을 받으려면 까다로운 조건이 붙는 경우가 많고 정작 지원을 받아도 그 금액이 보잘것없는 경우가 많아요.

이 문제를 해결하려면 개발 도상국끼리 손을 잡아야 한다는 분위기가 생겼어요. 이 분위기에 따라 개발 도상국 간의 경제, 기술, 인적 자원 등의 교류와 협력을 하고 힘을 합쳐 국제 사회에서 목소리를 높이자는 움직임이 남남 협력이에요. 인도의 힌두스탄 항공과 브라질의 항공기 제작사 엠브라에르가 합작하여 항공기를 생산한 일이나 브라질이 아프리카에 약 100억 달러에 이르는 돈을 투자하면서 농업이나 석유, 가스 등을 개발하는 것도 남남 협력의 한 예입니다. 그렇지만 개발 도상국 사이에도 빈부 격차는 엄연히 존재하기 때문에 불평등의 간격을 넓히지 않는 방법과 적절한 선을 찾아야 한다는 과제가 있어요.

매년 12월 19일은 유엔이 제정한 국제 남남 협력의 날이에요. 아르헨티나의 수도인 부에노스아이레스에서 1978년에 제3차 남남 협력 국제회의가 열렸어요. 여기서 채택된 부에노스아이레스 행동 계획을 기념하기 위해 이날을 국제 남남 협력의 날로 제정했지요. 부에노스아이레스 행동 계획은 개발 도상국 간의 협력을 도모하고, 이를 통해 지속 가능한 발전을 달성하기 위한 기본 원칙을 담고 있어요. 우리나라도 2010년부터 남남 협력에 대한 관심과 지원을 확대해서 2022년 기준 50억 달러에 달하는 돈을 지원하고 투자하고 있어요. 아프리카에 병원을 짓거나 의료진을 파견하는 일도 하고 있지요.

지구촌이라는 말의 촌(村) 자는 마을을 뜻하는 한자예요. 선진국도, 개발 도상국도 지구라는 커다란 마을에서 함께 살아가는 구성원이지요. 국제 남남 협력의 날인 오늘, 우리 역시 지구촌에서 홀로 살아가는 존재가 아니라, 서로 도움과 영향을 주고받는 공동체의 일원임을 기억하는 게 좋겠습니다.

경제를 위한 실천 행동

- 책이나 신문 기사를 통해 개발 도상국과 선진국 사이의 경제적 격차가 벌어진
  이유를 알아보기
- 남남 협력을 돕는 한국국제협력단(KOICA) 등에 대해 알아보기

국가 균형 발전의 날

함께 알아 두면 좋은 날 : 10월 29일 지방 자치의 날

#유령도시 #지방소멸 #저출산 #고령화 #수도권쏠림현상

지방이 사라지는 시대가 온다

재즈, 힙합 등 오늘날 미국 음악의 발상지인 도시가 있어요. 미국 서부에 디트로이트라는 곳이지요. 디트로이트는 자동차 공장으로 유명한 도시예요. 포드, 제너럴 모터스, 크라이슬러 등 세계적인 자동차 회사들이 디트로이트에 본사를 두고 있었으니까요. 이 회사들 덕분에 디트로이트는 일자리가 넘치고 높은 경제력을 쌓은 도시였어요.

1970년대 이후 일본과 유럽의 자동차 회사들이 세계 시장에서 인기를 끌면서 디트로이트의 자동차 산업은 어려움을 겪기 시작했어요. 디트로이트의 자동차 산업이 쇠퇴하자 경제도 쇠락하기 시작했지요. 많은 사람이 일자리를 잃었고,

도시의 경제적 활력도 크게 떨어졌습니다. 디트로이트가 쇠퇴하자 도시 환경에도 큰 영향을 미쳤어요. 수많은 공장이 폐쇄되어 도시가 황폐해졌지요.

 이미지가 나빠진 디트로이트는 점점 쇠락의 길을 걸었어요. 1950년에는 인구수가 185만 명에 달했지만, 2020년에는 63만 명으로 줄었어요. 심지어 범죄율이 미국에서 가장 높은 수준에 이르렀지요. 디트로이트는 2014년에 미국 역사상 최대 규모의 파산을 선언하기도 했습니다. 한때 최고의 자동차 도시였던 곳이 '유령 도시'로 변한 것이지요.

 디트로이트의 역사는 먼 나라 이야기만은 아니에요. 사람들이 떠나고 사라지는 도시가 우리나라에도 있어요. 통계청에 따르면 2023년 기준으로 우리나라 시군구 중 소멸 위험

1973년 디트로이트에서 기차로 운반 중인 새 자동차들(좌)
디트로이트에 방치되어 있는 폐쇄된 자동차 공장(우)

에 진입한 지역은 67곳, 고위험 지역은 51곳이에요.

지방 소멸이란 지방의 인구수가 0이 된다는 것이 아니에요. 지방의 인구가 줄어서 제 기능을 못하는 현상을 뜻하지요. 지역 사회의 인구가 줄어들고 지역 산업이 쇠퇴하면 도로나 철도, 항구, 병원이나 상하수도 등 중요한 시설이 원래의 기능을 유지하기 어려워요. 물론 지방의 인구가 줄어드는 건 저출산과 고령화로 우리나라의 인구 자체가 줄어드는 것에 큰 원인이 있어요. 하지만 또 하나, 수도권에 인구가 몰리는 현상과도 관련이 있습니다.

수도권은 서울, 인천, 경기도를 아울러 이르는 말이에요. 이곳의 면적은 대한민국 전체 면적의 11.8%를 차지하고 있어요. 그런데 이 넓지 않은 면적에 우리나라 인구의 절반 이상인 50.6%가 살고 있어요. 우리나라처럼 도시에 인구가 집중된 편인 일본의 경우는 28%, 프랑스는 18.2%, 독일이 7.4%인 것과 비교하면 우리나라의 수도권 쏠림 현상이 얼마나 심각한지 알 수 있어요.

수도권에 인구가 모여드는 가장 큰 이유는 일자리가 수도권에 몰려 있기 때문이에요. 국내 1000대 기업의 약 87%, 전체 취업자의 50%가 수도권에 몰려 있지요. 일자리가 수도권에 있다 보니 지방에 있는 대학보다 수도권에 있는 대학을 선호하는 청년들도 많아요. 수도권 대학 졸업자의 대부분은 수도권에 취업하지만, 지방 대학 졸업자의 경우에는 10~20% 정도만 지방에서 일자리를 구할 수 있지요.

수도권이 북적이는 만큼 지방의 형편은 나빠지고 있어요. 2024년 5월 수도권의 인구는 약 2,603만 명으로 10년 전인 2014년 5월에 비해 70만 명 증가했어요. 반면, 그 외 지역의 인구는 약 2,524만 명으로, 같은 기간 동안 66만 명이나 감소했어요.

이렇게 인구가 줄어들면 주민들로부터 거두어들이는 세금이나 국가로부터의 지원금도 줄어들어요. 지역의 재정이 나빠지면서 지역의 공공시설을 유지하기도 어려워요. 도서관이나 박물관, 병원이 문을 닫거나 상수도관을 관리할 수 없어서 질 나쁜 수돗물이 나오는 일이 생길 수도 있고, 경찰이나 소방관을 유지하기 어려운 상황이 생길 수도 있지요.

지방 소멸을 단순히 지방에 사는 사람들의 문제라고 생각하면 안 돼요. 불균형은 나라 전체의 경제와 사회 발전에 영향을 끼치니까요. 지방에서 인구가 빠져나와 수도권으로 가면 그만큼 좁은 면적의 수도권에 인구가 빽빽이 모여 살게 돼요. 그러면 수도권 안에서 일자리 경쟁, 주거 경쟁도 심각해집니다. 이 때문에 청년들은 '살기가 팍팍하다'는 느낌을 가질 수 있어요. 당장 경쟁이 심한 상태에서 결혼을 하거나 아이를 낳을 여유가 없으니 출산을 포기하는 경우도 많지요. 수도권에서의 경쟁과 지방 소멸 현상은 결국 저출산으로 이어지고, 저출산으로 인해 노동 인구가 줄면 생산성이 떨어지기 때문에 경제 성장도 막히는 악순환이 되풀이되는 거예요.

지방 소멸을 막을 수 있는 방법은 없을까요? 첫머리에 이야기한 디트로이트의 이야기에서 힌트를 얻을 수 있습니다. 디트로이트는 도시를 되살리기 위한 다양한 프로젝트를 추진하고 있어요. 폐철로나 공터를 공원으로 만들어 디트로이트의 대표적인 명소와 주민들의 휴식 공간으로 바꾸었고, IT 산업, 문화 산업, 의료 산업 등 새로운 산업을 키우기 위한 노력을 거듭하고 있어요. 아직은 프로젝트의 초기 단계지만 범죄율이 줄어드는 등 긍정적인 변화가 생기고 있습니다.

우리나라도 지방의 삶의 질을 향상시켜 지역 주민들이 살고 싶은 곳으로 만들 필요가 있습니다. 수도권에 몰려 있었던 대학이나 일자리, 공공 기관이나 병원 등을 지방으로 옮기는 것도 한 방법입니다. 한편으로는 지역의 특색 있는 문화와 관광 자원을 개발할 필요가 있어요. 서울과 비슷한 구조나 모양새의 도시를 만드는 것이 아니라 서울과는 다른 특색과 개성을 담은 도시를 만드는 것이지요.

예를 들면 IT 산업이 모여 있는 지역, 예술 분야에 특화된 지역 등 각 지역마다 사람들을 끌어당기는 매력을 갖추면 자연스럽게 사람들이 지방에 찾아오게 되고, 지역 경제가 살아날 수 있어요. 이렇게 수도권과 지방 사이의 균형을 이르면 수도권의 인구와 교통, 환경의 부담이 줄고, 지방의 일자리와 경제가 살아나 고르게 발전하는 국가가 만들어질 수 있지요.

오늘은 1월 29일 국가 균형 발전의 날입니다. 이날은 2004년 1월 29일 정부가 지방화와 균형 발전 시대를 선포한 것을 기념하여 제정한 날이지요. 균형 발전을 생각하며, 먼 곳이 아니라 내가 지금 살고 있는 지역에 먼저 관심과 애정을 보내는 건 어떨까요? 자신의 고장에 애정과 관심을 품은 주민이 늘어야 두루두루 살기 좋은 곳이 생기고, 고르게 발전하는 나라가 될 테니까요.

경제를 위한 실천 행동

- 지역의 역사와 문화, 특산품 등을 조사하고 이를 널리 알리는 글을 작성하여 SNS에 올리기
- 지방의 발전을 위한 아이디어를 생각해 보고, 시군구청에 제안해 보기

사진 출처

52쪽	애국금 영수증 ©국립중앙박물관
57쪽	세월호 ©wikimedia/jinjoo2713
71쪽	스마트 쉼터 1, 2 ©서울성동구청
89쪽	인도호랑이 ©wikimedia/Charles J. Sharp
90쪽	소 축사 ©wikimedia/Animal Liberation Queensland
95쪽	담배꽃 ©wikimedia/Joachim Müllerchen
108쪽	마다가스카르의 아동 노동자들 ©ILO/M.CROZET
117쪽	양귀비꽃 ©wikimedia/Nicholas Gemini
117쪽	양귀비 열매 ©wikimedia/George Chernilevsky
134쪽	철도 민영화 반대 시위 ©blog.naver/gijuhn
154쪽	홍수 ©wikimedia/Wolfgang Moroder
186쪽	인도네시아 반타르 그방 통합 쓰레기 처리장 ©wikimedia/22Kartika
200쪽	토마 피케티 ©wikimedia/Fronteiras do Pensamento
202쪽	팔라우 ©Flickr/LuxTonnerre
203쪽	팔라우 서약문 ©태평양관광기구
220쪽	나이로비 키베라 ©Flickr/Colin Crowley
228쪽	노인의 날 행사 플래카드 ©대한민국역사박물관
239쪽	강릉 주문진 버스 정류장 ©wikimedia/Mobius6
262쪽	한미 FTA 반대 시위 ©wikimedia/Joe Mabel
265쪽	기름야자 열매 ©wikimedia/Theo Crazzolara
271쪽	블랙 프라이데이에 상점으로 달려 들어가는 쇼핑객 ©wikimedia/Powhusku from Laramie, WY, USA
272쪽	아무것도 사지 않는 날에 무분별한 소비 행위를 반대하는 사람들 ©wikimedia/Lars Aronsson
285쪽	일론 머스크 ©Flickr/Steve Jurvetson
290쪽	태안 앞바다 위성 사진 ©wikimedia/NASA
290쪽	기름으로 뒤덮인 태안 앞바다를 복구하는 자원봉사자들 ©wikimedia/정안영민
292쪽	소외 이웃을 위한 김장 김치 나눔 행사에 참여한 자원봉사자들 ©부산사하구청
294쪽	농촌 일손 돕기 행사에 참여한 자원봉사자들 ©경북울진군청
306쪽	더러운 물을 마시는 소년 ©wikimedia/Chaarls442
311쪽	디트로이트에 있는 폐쇄된 자동차 공장 ©wikimedia/Albert duce